Das Kackbuch

… nachgespült!

Nicht alles im Leben ist wirklich „Kacke"

- aber vieles!

Danke an alle Mithelfer

Das Kackbuch

… nachgespült!

Nicht alles im Leben ist wirklich „Kacke"

- aber vieles!

Ein

Leichtsinns-Buch

von Klodett

Impressum

©2014 Klodett

Neuauflage

Alle Rechte vorbehalten

www.klodett.de

Herstellung und Verlag: Books on Demand GmbH, Norderstedt

ISBN: 978-3-7347-0083-5

Standardvermerk Der Deutschen Bibliothek:

Die Deutsche Nationalbibliothek verzeichnet diese Publikation in der Deutschen Nationalbibliothek; detaillierte bibliographische Daten sind im Internet über http://dnb.d-nb.de abrufbar.

Inhalt:

Vorwort

Vorwort

Alle tun es! Ich, meine Freunde, Politiker – auch meine Eltern haben es getan – sonst wären wir alle nicht da. Poppen ist ja auch etwas ganz Natürliches. Kacken aber auch, nur wird darüber im Verhältnis kaum gesprochen. Dieses Buch soll die vielfältigen Seiten rund um das Thema Kacken beleuchten. Schluss mit dem unnötigen peinlichen Schweigen. Schämen is` nich`!

Zugegeben – das Thema ist nicht unbedingt angenehm auf den ersten Blick. Ein Buch über`s Kacken...will jemand so etwas lesen? Ist das peinlich? Jeder tut es, aber darüber reden? Wie geht man damit um?

Nun gibt es dieses Buch doch. Viele Leute habe ich nach ihren Erfahrungen gefragt und alles, was mir davon wichtig war, in diesem Buch zusammengetragen. Das heißt auch: Alles, was Sie hier lesen ist nicht mir passiert oder von mir erlebt, sondern die Summe vieler Gespräche und Erzählungen, die ich hier aber in der Allgemeinform anonymisiert habe. Allen, die mir dabei geholfen oder ihre Geschichte erzählt haben, bin ich sehr dankbar. Viele hatten beim Erzählen ebenfalls ihren Spaß.

In unserer heutigen Zeit bleibt fast nichts mehr tabu oder unausgesprochen. Kacken ist salonfähig auch als Gesprächsthema. Und wem das alles stinkt: darauf geschissen! Dieses Buch soll Spaß machen. Und auch Mut, nämlich denen, die meinen, sie seien nicht ganz normal. Euch sei gesagt: es gibt nichts, was es nicht gibt.

Das Kackbuch – ein Sammelsurium um die befreiendste Nebensache der Welt. Einfach nur zum Spaß!

Vorwort zur 2. Auflage

Dieses Buch neu auflegen? Wieso werden sich da viele fragen. Aber dafür gibt es eine ganze Reihe von guten Gründen. Das Buch hat wahnsinnig Resonanz. Die Bestellzahlen sprechen eine deutliche Sprache und deshalb gilt es, eventuelle Fehler zu bearbeiten und das eine oder andere zu ergänzen. Außerdem haben mich zahlreiche Zuschriften erreicht, die ich in diesem Buch unter dem Titel „Geschichten aus dem Leben" am Ende erzählen werde. Das Kackbuch macht offensichtlich Spaß und ermuntert Menschen, über ihre Erfahrungen zu reden. Man kann nur staunen, was Leute rund um das Thema „Kacke" erleben oder was es rund um das Thema weltweit zu entdecken gibt. Der wichtigste Grund aber ist, dass das Kackbuch in ein bewegtes Bildformat übergeht. Ab jetzt gibt es mich: Klodett. Ich zeige Euch meine Welt rund ums Kacken durch Experten-Interviews, Straßenbefragungen, Sketche und Reportagen. Dafür gibt es eine eigene Webseite, eine Facebookseite und einen YouTube Kanal, der Stück für Stück mit immer neuen Episoden gefüllt wird. Wir konnten Fachleute zu den medizinischen, technischen und anderen Themen rund ums Kacken dafür begeistern, uns zu begleiten und ausführlich zu allen Problemthemen Stellung zu nehmen.

Mehr als nur interessant. Ein herzliches Dankeschön dafür an dieser Stelle!

Alle weiteren Infos, die dazu notwendigen Links und ein paar Bilder zu Klodett gibt es unter www.klodett.de. So hat das Buch eine ungeahnte Verbesserung erfahren. Ich bin allen, die sich bereit erklärt haben, mitzumachen und die so mutig waren, zu antworten, sehr dankbar. Wir, mein Team und ich, werden den Weg weiter gehen und sehen, wohin uns das bringt. Auch für diese Neuauflage gilt: Einfach nur zum Spaß! Oder wie Klodett es auch nennt: „Schämen is` nich`!".

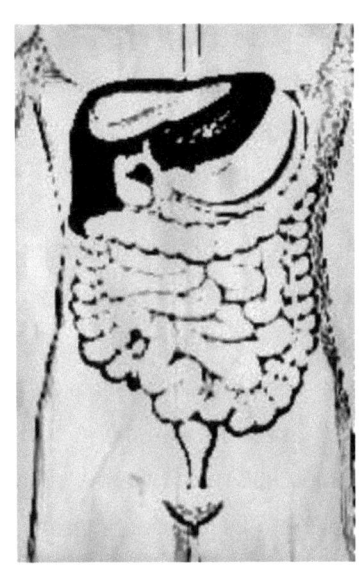

Die Verdauung

Bevor es zu dem kommt, was hier in dem Buch überwiegend beschrieben wird, benötigen wir den Vorgang
der Verdauung. Deshalb will ich wenigstens in wenigen
Worten darauf eingehen und das ganze „Technische"
kurz beschreiben, ehe ich mich dem eigentlichen Inhalt
des Buches widme.

Die Aufgabe der Verdauung ist, die in der Nahrung ent-
haltenen Nährstoffe zu spalten, um sie so aufzunehmen.

Das funktioniert durch ein komplexes Zusammenwirken physikalischer, chemischer und enzymatischer Prozesse. Beteiligt an der Verdauung sind Mund, Magen, Dick- und Dünndarm.

Mund: Mit Hilfe der Zähne wird die Nahrung mechanisch zerkleinert. Durch den Speichel wird sie rutschfähig gemacht und damit für den Weitertransport in die Speiseröhre vorbereitet. Die Speicheldrüsen bilden übrigens täglich ca. 1-1,5 Liter Speichel, den sie in den Mund abgeben. Speichel reinigt außerdem Zähne und neutralisiert im Mund entstandene oder mit der Nahrung zugeführte Säuren und er verdaut die Nahrung an.

Magen: Der Speisebrei wird durch die Speiseröhre in den Magen geleitet und dort mit dem Magensaft vermischt, von dem täglich 1,5-3 Liter gebildet werden. Durch den Magenpförtner wird die Nahrung in den Zwölffingerdarm weitergeleitet.

Dünndarm: Der Dünndarm ist das Verdauungsorgan. Mit Hilfe von Enzymen werden die Nahrungsbestandteile, die in Mund und Magen bereits vorverdaut wurden, weiter zerlegt. Die zweite Aufgabe des Dünndarms ist die Aufnahme der aufgespalteten Nahrungsbestandteile in die Blutbahn.

Dickdarm: Im Dickdarm wird dem bis dahin sehr flüssigen Speisebrei Wasser entzogen, das zusammen mit den Mineralstoffen aufgenommen wird. Andere Nährstoffe werden in diesem Darmabschnitt nicht mehr aufgenommen. Der Darminhalt ist danach nahezu nährstofffrei.

Zuletzt wandert der gute Rest in den Mastdarm, wo ihm weitere Flüssigkeit entzogen wird und er auf seine Ausscheidung harrt.

Das erscheint doch alles eher etwas spröde.

Anschaulicher wird es, wenn man sich eine Vorstellung macht, was der Mensch da wirklich tut! Wir stopfen oben die leckersten Köstlichkeiten in den Mund, frische Gemüse, Sternekoch-Gerichte, Obst, Eis, einfach alles, was uns irgendwie ansehnlich und bekömmlich erscheint. Und was machen wir daraus? Kacke! Jeder von uns, jeden Tag, dauernd. Man müsste bei einem Festmahl eigentlich einander gegenüber sitzen und sich nicht „einen guten Appetit" wünschen, sondern, wie äquivalent bei dem bekannten Trinkspruch, eher „mach´ Kacke d´raus" sagen.

Wem das schwer fällt, weil er unter Verstopfung leidet, der kann es mit folgenden Allzweckwaffen probieren: viel

Wasser aufnehmen (ca. 2 Liter trinken oder durch Obst und Gemüse), getrocknetes Obst, eine ordentliche Ladung Sauerkraut (früher ein Wurmmittel, weil es den Darm ordentlich putzt). Gewürzkräuter wie Schnittlauch, Meerrettich, Fenchel, Kümmel und Basilikum wirken ebenfalls sehr förderlich, genauso wie 15 - 20 g frische Weizenkleie. Glauber – und Bittersalz führen auch stark ab, man sollte es aber nicht ständig nehmen und Ungeübte am besten nur nach ärztlicher Absprache.

Wenn all das keine Abhilfe schafft, kann ein Einlauf abhelfen. Das ist eine Spülung von Mastdarm und Dickdarm. Dabei handelt es sich um eines der ältesten Naturheilverfahren, das traditionell durchgeführt wird, um bei hartnäckiger Verstopfung den Stuhl im Enddarm aufzuweichen und abzuführen. Diese Spülung erreicht eine schonende und gründliche Reinigung des Körpers von innen. Aber Vorsicht! Je nach krankheitsbedingter Vorgeschichte und in der Frühschwangerschaft, ist vorher unbedingt mit dem Arzt zu sprechen.

Zu meiden bei Verstopfung sind Kakao, Schokolade, Haferschleim und Heidelbeeren. Wer nach weiteren Lösungen sucht, wird auch in der Pflanzenheilkunde fündig oder der Homöopathie. Und schließlich dürfen sich ständig Verstopfte (und auch anders Darmgeschädigte) gerne mal darüber Gedanken machen, was sie zurück halten und nicht loslassen wollen (Druck, Belastung, Angst, Vergangenheit, etc.). Zwischen dem Darm und der Seele bestehen enge Beziehungen. Energieblockaden und seelische Konflikte bilden bei einem Großteil der Betroffenen die allerwichtigste und primärste Krankheitsursache. Schafft man diese Ursache aus dem Weg, ist eine zusätzliche Darmbehandlung oft gar nicht mehr nötig oder wird wesentlich abgekürzt.

Im Bauch ist unser Bauchgehirn. Wer auf seinen Bauch nicht hört, darf sich über störrisches Verhalten nicht wundern. Wer ihn nutzt, der kann ein Lied davon singen und macht sich zukünftig keine Vorwürfe mehr, weil beispielsweise ein Vorhaben misslungen ist, wie: „Hab` ich es doch gleich gewusst! Hätte ich doch nur auf meinen Bauch gehört!"

Und zum guten Schluss noch ein weiser Familienspruch als Argument fürs Kacke loswerden: „Alles raus, was keine Miete zahlt!" Recht hast Du gehabt, liebe Oma!

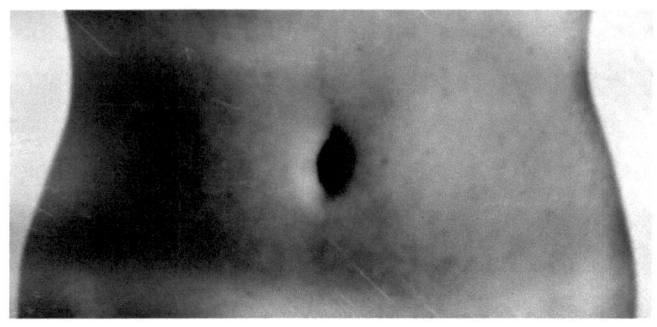

Blähungen

Bevor es zum großen Finale kommt, hat die Verdauung uns die Flatulenz geschenkt. Gase, die im Darm entstehen und natürlich jede Menge Krankheiten, die wir in diesem Absatz unerwähnt lassen, sind die Ursache. Was für eine Erlösung kann dabei ein erfolgreich abgezerrtes „Gerät" sein!

Vollgegessen oder -getrunken heben wir eine Gesäß-hälfte zur Entspannung und lassen die heiße Luft unter den lustigsten Tonlagen und Geräuschen ab. Und, weil sich Männlein und Weiblein in der Art und Weise unterscheiden, wie und wann sie das tun, lohnt es sich, das differenziert zu betrachten.

Eine Sache ist aber generell bei meinen Umfragen sehr auffällig. Sehr viel Menschen berichten davon, dass sie insbesondere von Milchprodukten Blähungen und sonstige Schwierigkeiten bei der Verdauung bekommen. Woran liegt das? Eine Möglichkeit der Erklärung liegt vielleicht daran, dass diese Menschen nicht in der Lage sind, den Milchzucker (Laktose) in Glukose oder Galaktose aufzuspalten. Dazu benötigt man ein Enzym (Lactase), welches insbesondere bei asiatischen und afrikanischen Völkern dafür bekannt ist, nicht vorhanden zu sein. Vielleicht verbreitet sich diese Enzymabstinenz.

Eine andere Erklärung wäre die sogenannte und auch weithin bekannte Laktoseintoleranz. Sie ist sehr unangenehm: Wenn der Milchzucker nicht umgewandelt wird, sondern unverdaut in den Dickdarm gelangt, zieht er dort Wasser an und es kommt zu Durchfall, von dem ja viele berichten. Der Milchzucker wird im Dickdarm von Bakterien aus der Darmflora fermentiert. Und damit kann es dann zu Bauchschmerzen und Blähungen kommen. Ausgenommen sind davon aber Milchprodukte wie Quark oder Joghurt.

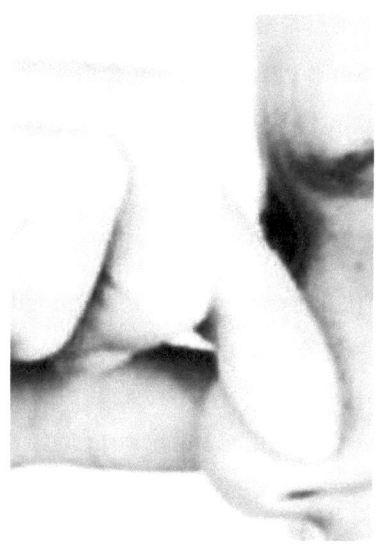

Der männliche Furz

Wir alle tun es, weil wir es müssen. Natürlich selten oder nie in der Öffentlichkeit, wenn, dann nur in vertrauter Umgebung zuhause oder im kleinen Freundeskreis - zumindest die Männer. Die Art, wie wir furzen, hängt stark davon ab, was wir vorher gegessen haben. Zwiebeln zum Beispiel ergeben sehr warme, zuweilen heiße Fürze, die nahezu unerträglich im Aroma sind und die Umwelt nasal stark belasten. Bananen haben eine ähnliche Wirkung, sind aber etwas weniger gasbildend,

Hülsenfrüchte grummeln vorher im Magen und heben die Bauchdecke stark blähend an.

Und dann kommen sie endlich, die erlösenden Magenwinde. Manche klingen knallhart und knatternd, manche ergeben ein schönes, pfeifendes Geräusch, manche wiederum hört man gar nicht, so heimlich still und leise verlassen sie den Körper.

Männer sind dabei wesentlich offener, zu ihren Fürzen zu stehen und schämen sich wohl insgesamt weniger dafür. Manch einer betrachtet es wohl geradezu als ein Ritual. Es ist unglaublich, was man bei verschiedenen Plattformen im Internet finden kann. Da wird mit Fürzen Musik gemacht, ganze Lieder werden damit zelebriert oder aber sie werden mit Hilfe eines Feuerzeuges abgefackelt. Dabei entstehen regelrechte Stichflammen. Männer sind erfinderischer als Frauen. Aber auch mutiger. Das stellt man dann immer am Anfang einer neuen Beziehung fest. Das Furzen wird unterlassen und erst nach einer gewissen Zeit und einer intimeren Vertrautheit beginnen sie langsam die Gase entweichen zu lassen, bis es zum Schluss bei vielen einfach ganz normal ist zu furzen. Anfänglich nur auf der Toilette, später dann eigentlich überall, wenn man sich nur unbeobachtet oder allein fühlt. Aber auch in großer vertrauter Runde, unter Freunden, lässt sich der Mann nicht lumpen. Besonders bei größeren Saufgelagen gehört das Furzen zu später Stunde öfters mal dazu. Man prahlt geradezu mit seinen Leistungen und vergleicht, wer es besser kann. Laut muss er sein und heftig stinken, dann wird der Duft schon mal per Hand weitergefächelt.

Ganz unabhängig vom Geschlecht gibt es aber auch Alltagssituationen, in denen uns der warme Abwind nicht verborgen bleibt. Die Fahrstuhltür öffnet sich, ein entweder grinsender oder peinlich berührter Mensch steigt aus und eilt so schnell es geht von dannen. Sie steigen ein und ahnen zunächst nichts Böses. Weit gefehlt, denn die Türen schließen sich und man steht in einer Duftwolke, die einem erst beim zweiten Atemzug bewusst wird. Man hält die Atmung an oder atmet nur ganz schmal und die Augen beginnen leicht zu brennen. Kurz gesagt: eine eher ekelhafte Sache. Gemein wird es aber dann, wenn sich die Tür wieder öffnet und man weiteren Fahrgästen ins Auge blickt oder gar aussteigt und ein beschämtes: „…ich war es nicht, es war mein Vorgänger…" den Lippen entgleitet. Wer glaubt einem da?

Flugzeuge, Schnellzüge, öffentliche Transportmittel wie Busse und Bahnen sind weitere nette Orte, an denen man so eine Situation erleben kann. Auch im Kino oder Schnellrestaurants werden wir, öfter als uns lieb ist, von solchen Dufterlebnissen heimgesucht.

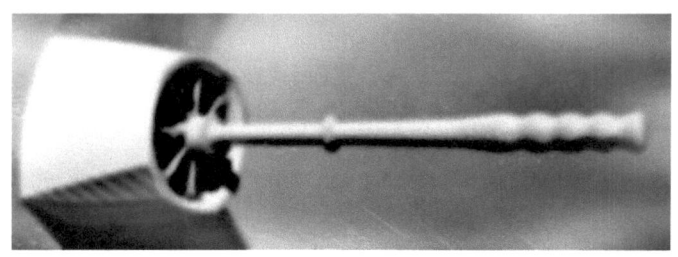

Der weibliche Furz

Nicht selten behaupten Frauen: „Ich mache so etwas nicht!" Liebe Männer: Glaubt mir - sie tun es doch! Aber lieber würden jene Damen freiwillig auf ein Jahr Pediküre und Ganzkörpermassage verzichten, als das auch nur annähernd zuzugeben. Auch habe ich mehrfach Männer getroffen, die sich gerne einreden, Frauenfürze würden ausschließlich edel duften. Bei der Vorstellung, dass bestimmte Frauen überhaupt furzen, geschweige denn kacken, stellen sich ihnen die Nackenhaare. Zitat: „Eine Frau wie Sylvie Meis furzt nicht. So eine schöne Frau tut das nicht. Und falls doch, riecht es nach Rosenduft oder Vanille." Ich bezweifle das. Aber wer weiß?! Andersherum habe ich sogar mal einen Mann getroffen, der sich – sollte ihm eine sexy Dame zu sehr im Kopf herumspuken – vorstellt, dass sie kackt und furzt, nur um die Erotik zu zerstören und ihn wieder auf den Boden der

Tatsachen zu holen. Zitat: „Schau` mal die Frau da hinten. Die ist perfekt. Ich könnte ausrasten. Damit ich nicht durchdrehe, stelle ich mir jetzt einfach vor wie die kackt." Aha.

In der Tat furzen Frauen seltener als Männer, was angeblich an einer „anderen Darmlage" der Männer liegen soll. Nicht zuletzt leiden wohl auch deshalb mehr männliche Babies in der ersten Zeit nach der Geburt vermehrt an den sogenannten 3-Monats-Koliken. Kaum gab es einen Schluck Milch aus Mamas Brust oder der Flasche, krümmt sich so mancher Krümel herzerweichend, bis endlich der erste erleichternde Riesenfurz entweicht. Wunderbare Abhilfe schaffen da übrigens spezielle Öle mit Kümmel und Fenchel, die rechtsdrehend, gemäß den Darmschlingen vom Bauchnabel aus, von innen nach außen einmassiert werden. Zurück zum Furz. Kaum haben sich Mann und Frau kennen und lieben gelernt, fallen sie übereinander her und nehmen dabei nicht nur heiße Wörter in den Mund. Aber wehe, beim wilden Liebesspiel entkreucht ein lauter Magenwind – schon macht sich ein peinliches Schweigen breit. Frau versucht darüber hinweg zu gehen, Mann lacht vielleicht kurz auf und widmet sich weiter der körperlichen Betätigung. Je nach Stellung und Intensität kann die Luft übrigens auch stoßweise aus einer ganz anderen Öffnung entweichen. Das riecht zwar nicht, macht aber identische, knallende und quietschende Geräusche. Klingt ein wenig nach einem trabenden Pferd, das ebenfalls seinen Blähungen hier und da freien Lauf lässt.

Frauen unter sich furzen so gut wie nie. Wenn sie sich gut kennen, und es entwischt mal aus Versehen ein Pubs, sagen sie höchstens: "Hups" und bekommen einen leicht geröteten Kopf. Auch der Furz eines Kleinkindes wird sofort verniedlicht entschuldigt: "Na so was, hast Du ein Pubsie gemacht, Du Räuber?! Macht man doch nicht". Die Kinder jedoch haben den größten Spaß daran, sich biegend vor Lachen hinzustellen und mit dem Mund lautstark den nächsten Furz zu kreieren oder sogar selbst einen hinten rauszudrücken, was so manche Mutter in peinliche Erklärungsnöte bringt: „Das macht der sonst nie!" Überhaupt finden Kinder Pubsgeschichten ganz toll! Wer das testen möchte: In dem Buch „Oma Frida und das Seeungeheuer" beispielsweise geht es um die 93 Jahre alte Oma und Schoscho, das Seeungeheuer. An einer Stelle fahren die beiden gemeinsam Zug und alle Leute denken, Oma würde stinken. Es war aber Schoscho, der gepubst hatte. Ich wette, diese Stelle muß mehrfach vorgelesen werden…

In einer Beziehung dauert es mitunter recht lange, bis die Frau denselben Furzmut an den Tag legt wie der Mann, wenn überhaupt. Anfangs werden die Pobacken zusammengekniffen und der Furz wird weggedrückt, so gut es geht. Wenn der Druck zu groß wird, geht Frau pinkeln und hebt sich eventuell ein Stück Klopapier an den Allerwertesten, um den möglicherweise laut ausfallenden Knatterton zu dämpfen. Das kann allerdings in die Hose gehen und der Furz in ein lautes Pfeifen mutieren – ungefähr so, wie wenn man einen Grashalm zwischen die Hände nimmt und reinpustet. Auf der Toilette wird auch gerne mal laut gehustet, um laute Fürze zu übertönen, oder eine Zwischenspülung eingeleitet oder kurz das Wasser aufgedreht. Hauptsache, draußen hört niemand, wie der Verdauungswind den Weg nach draußen findet.

In den meisten Fällen beginnen die Männer, wie schon erwähnt, in einer Beziehung den Furz in den Alltag zu integrieren. Erst ganz sachte und dann eben so wie es kommt. Gerne wird der Furz verbal veralbert: „Hups, da bin ich wohl auf eine Trompetenschnecke getreten!" Oder: "Mann, gibt es hier etwa Knallfrösche?" Die Frau steigt entweder erleichtert mit ein oder trägt es einfach nur mit Fassung und entledigt sich ihrer Winde weiterhin unter zwei Ohren. Unglaublich, aber wahr: Ich habe tatsächlich Menschen getroffen, die noch nie vor dem Partner gepubst hatten, weil sich das ihrer Meinung nach nicht gehört. Das krasseste Statement dazu eines Mannes: „Ich würde mich scheiden lassen, wenn meine Frau das vor mir tun würde. Das geht gar nicht." Oha.

Andere gehen damit lockerer um. Dennoch auf beiden Seiten recht unbeliebt sind und bleiben allerdings die sogenannten „Deckenschleicher", ob man sich jetzt gut kennt oder nicht. Das sind die fiesen Teile, die kurz vorm Einschlafen unter der Decke abgelassen werden, sich beim ersten seichten Bewegen herausschlängeln, in sekundenschnelle den gesamten Raum verpesten und sich nicht so einfach „weglüften lassen", schon gar nicht im Sommer, wenn die Luft sowieso steht. Das nennt man im wahrsten Sinn des Wortes „einen Koffer abstellen". Bei diesen fiesen Teilen bringt es auch nichts, sie außerhalb des Zimmers loszulassen und aus der Hose zu wedeln. Der Gestank ist penetrant und hängt quasi am Stoff wie Klebstoff. Man bringt ihn mit zurück und dann gibt´s Stunk.

Die Toilette

Die Toilette ist eine sanitäre Vorrichtung zur Aufnahme von Körperausscheidungen, vor allem Kot und Urin, in selteneren Fällen auch mal was von oben. Kurzum: wir sind beim Geschäft!

Der Name „Toilette" leitet sich vom Französischen ab: Dort von „toile" was so viel wie Tuch bedeutet. Mit „Toilette" benannte man auch den Vorgang des Schminkens, Frisierens und Ankleidens der Hofdamen – ursprünglich hießen Frisier- und Waschtische „Toilettes".

Weitere Namen der Toilette sind Abort, Klo, Latrine, WC, Thron, Lokus, stilles Örtchen, Scheißhaus oder 00. Die Aufschrift „00" kommt durch die üblichen Etagenklos in Hotels im 19. Jahrhundert zu uns. Diese befanden sich meist in Nähe des Aufzugs oder des Treppenhauses. Da dort ebenfalls die Nummerierung der Zimmer begann, trugen die Toilettenräume die Zimmernummer Null bzw. 00.

Toilettentypen gibt es viele. Es gibt Tiefspüler. Das sind die Klos, bei denen einem das Wasser beim Spülen auf den Hintern spritzt und es gibt Flachspüler. Duftet mehr, weil eine Fläche die Kacke auffängt, und sie zur Entfaltung ihres Aromas eine gute Weile liegen bleibt. Nie leiden konnte ich persönlich Plumpsklos wie es sie in Frankreich oft gab. In Asien, Südeuropa und islamischen Ländern sind Hocktoiletten ebenfalls weit verbreitet. Dort sitzt man nicht, wie der Name schon sagt, sondern kackt in der Hocke. Das soll besonders hygienisch sein, aber nur für geübte Kacker, die sich nicht auf die eigenen Schuhe machen oder die weit gespannte Hose dazwischen. Das Gleiche gilt für die Damen und Herren, die die Freiland- oder Naturtoilette benutzen. Im Internet gibt es sogar Suchmaschinen für die saubersten und nächstbesten Toiletten in ganz Deutschland, vor allem während der Fastnachtszeit und anderen Festtagen.

Dennoch gibt es wohl kaum jemanden, der nicht am liebsten daheim auf's stille Örtchen geht. Da weiß man, was man hat, bzw. was man nicht kriegt. Sollte man doch außer Haus dringend „müssen", gibt es allerhand Variationen der Hygiene. Einmal eine Art Klodeckelfolie oder Papierbrillen, die man auf die Brille legt und sich darauf setzt. Erfahrungsgemäß rutschen die aber weg, so dass man letzten Endes doch wieder mit dem nackten Bobbes auf der fremden, eventuell dreckigen Schüssel thront. Ganz modern, für mich dennoch fragwürdig, sind die Desinfektionsmaschinen, die die Klobrille nach Benutzung automatisch einmal im Kreise drehen und durch einen Desinfektionsbehälter ziehen, der die Brille mit einer reinigenden Flüssigkeit überzieht. Zu empfehlen sind in jedem Fall Desinfektionstücher, mit denen man über die Brille fährt, bevor man dann sicherheitshalber aber dennoch vor dem Absetzen mehrere Lagen Papier legt. Prima anwendbar ist auch ein Fläschchen flüssigen Desinfektionsmittels, das genauso verwendet wird, wie die Tücher.

Wer nichts davon auf Lager hat, weil es ihm zu umständlich erscheint, der kann es auch mit verändertem Denken probieren. Man sagt sich mehrmals in Gedanken mit dem festen Glauben an die Wirkung: „Ich bin jederzeit vollkommen gesund und hole mir nichts Schlechtes auf fremden Toiletten!" Die Königsdenker formulieren es noch besser: „Ich muss nur dann, wenn ich Zuhause bin. Andernfalls finde ich schnell und leicht nur saubere und absolut hygienische Toiletten vor, die mir gefallen und steril sind." Das ist dann auch so!

Wer sich trotzdem Gedanken macht, ob er sich etwas wegholt auf einer fremden Toilette, sollte übrigens auch VOR dem Toilettengang die Hände waschen. Oftmals bringen wir den Schmodder nämlich selbst schon mit, reiben ihn schön am eigenen After ab, nehmen ihn anschließend noch mit hinaus, und waschen ihn dann NACH dem Stuhlgang gründlich den Abfluss hinunter.

Bezüglich der Toilettenspülung habe ich hier noch einen Erfahrungsbericht für alle Wassersparer. Klar ist es schade, dass so viel Wasser den Bach runtergeht nur, um Kacke wegzuspülen. Tatsache ist allerdings, dass das Wassersparen am falschen Fleck sehr teuer werden kann, nämlich dann, wenn man nicht genug Wasser mit entsprechendem Druck die Leitung entlang schießen lässt. So können sich Papier- und Kackfetzen in der Leitung festsetzen und diese verstopfen, vor allem, wenn sie einige Meter Entfernung zum nächsten Kanal hat. Also lieber etwas länger spülen und in Küche und Bad einen Wassersparer einbauen. Auch eine neue Waschmaschine mit geringem Wasserverbrauch ist eine feine Sache und zum Sparen hilfreicher.

Ein wichtiger Tipp noch: Ja, feuchte Reinigungstücher für Babys sind oft günstiger als feuchtes Klopapier. Man sollte sie dennoch keinesfalls als solches benutzen, denn diese Tücher sind aus reißfestem Material und lösen sich später nicht auf wie feuchtes Klopapier und können deshalb auf Dauer den Abfluss verstopfen.

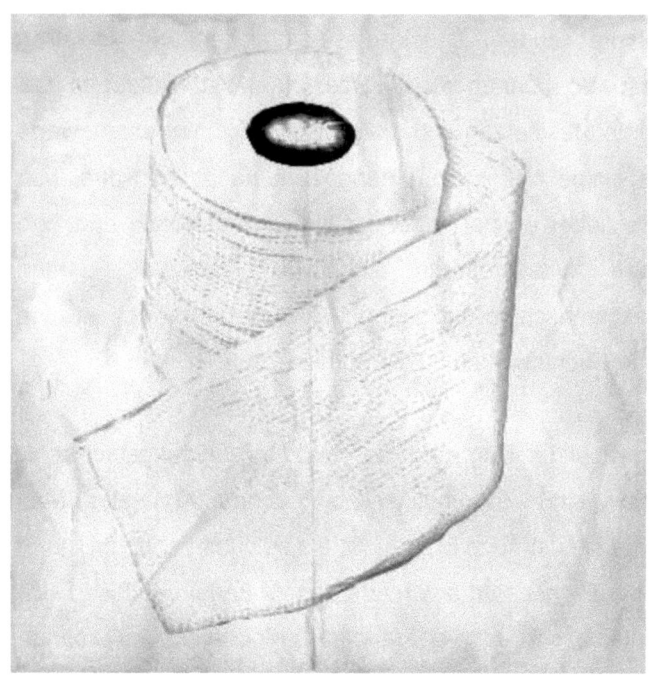

Das Klopapier

Mit dem Klopapier ist es wie mit dem normalen Papier: Erst musste es erfunden werden. Papier wurde von den Chinesen erfunden, also hängt die Erfindung des Klopapiers eng mit der generellen Erfindung in China zusammen. Das erste gab es etwa gegen 1450 in China. Erstaunlicherweise dauerte es dann immer noch bis etwa 1850, ehe jemand auf die Idee kam, das ganze industriell in großem Stile zu produzieren und zu verbreiten. Vorher hatte man keines und behalf sich mit Stofffetzen oder Schwämmen, meistens aber mit nichts. Jeder mag sich seine eigenen Gedanken machen, wie das in der Praxis funktionierte.

Heute ist das ganz anders. Die Sache mit der Papierwahl nimmt in den letzten Jahren ausufernde Formen an. Früher ging man mit der Zeitung über den Hof auf den Abort und das Abputzen war wahrlich kein weiches Vergnügen. Genauso wenig in der Naturalvariante, ein großes Blatt durch welches man relativ in der Mitte einen Finger steckte, der nach erfolgreicher Wischung einfach mit dem Blatt gereinigte wurde. Davon sind wir heute in der westlichen Welt weit entfernt. Dennoch: Wenn man manchen Ärzten glauben darf, dann gibt es Menschen, die sich immer noch in der Steinzeit befinden. Es gilt der alte Urologenwitz! Das ist der, bei dem der Arzt den Patienten um eine Urin-, Stuhl- und Spermaprobe bittet, und der Patient der Einfachheit halber anbietet, seine Unterhose da zu lassen. Da würden auch die in den arabischen Welten bekannten Wasserspritzdüsen für das Hinterteil schon enorm weiter helfen.

Heerscharen von Menschen scheinen sich mit dem Thema zu beschäftigen. Im Ergebnis verfügen wir heute über hartes oder weiches Klopapier, weiß oder bunt, manchmal ökologisch grau, weil aus Altpapier hergestellt, einlagig, zweilagig oder dreilagig, 400 Blatt oder 500 Blatt und so weiter und so weiter. In manchen Supermärkten füllt das Angebot ganze Zeilen komplett, so vielfältig ist die Auswahl. Flauschige Bären animieren uns in der Werbung zusätzlich zum Kauf und wer es ganz besonders hygienisch möchte, der kann Feuchttücher in den Duftrichtungen Kamille, Vanille, Frische Brise und vielen andere erstehen. Besonders weich, ohne Konservierungsstoffe und pflegend.

Geht es eigentlich noch? Wohin soll das führen? Hat irgendjemand mal daran gedacht, was wir da eigentlich dran schmieren? Kacke – sonst nichts. Im Übrigen sind manche Sorten dieser Feuchttücher aus verschiedenen Gründen eh´ für den Arsch, wenn man Öko-Test-Studien Glauben schenken darf.

In Sachen Klopapier gilt in jedem Fall „Sein und Schein". Nicht jedes Klopapier, das teuer war und toll aussieht, hält, was es verspricht. Manches Klopapier geht gar nicht. Die Blumen darauf und Muster sind ja wirklich schön, dennoch ist es oftmals ziemlich beschissen. Das trifft es in diesem Fall auf den Punkt. Es ist weder widerstandsfähig noch reißfest. Im Gegenteil: Man muss nach dem Abwischen die Poöffnung möglichst weit spreizen, um beim nächsten Durchzug die Teile zu erwischen, die zuvor in der Ritze hängengeblieben sind. Wenn man nicht mit dem Finger nachfühlen will, ob dieses Unterfangen gelungen ist, kann es passieren, dass man spätestens unter der Dusche beim Waschen noch den einen oder anderen Fitzel Papier aus der Kimme zieht. Oder es finden sich später in der Unterhose kleine zusammengerollte Papierfussel, die durch die Reibung beim Laufen nach unten geschubst wurden.

Während unserer Interviews auf der Straße haben wir tatsächlich einen Typen getroffen, der seine Abschlussarbeit auf der Universität zu Klopapier geschrieben hat. Dabei ging es inhaltlich um die Einführung einer Klopapiermarke aus den USA auf dem deutschen Markt. Diese ist im ersten Anlauf vollständig misslungen, denn Amerikaner sind eher „Knüller", während wir Deutschen zu den „Faltern" gehören. Zur genauen Erklärung: Amerikanisches Klopapier ist sehr dünn und einlagig, weil überwiegend kräftig geknüllt und dann gewischt wird. In unseren Breiten wird dagegen fein säuberlich gefaltet, notfalls auch mehrfach, was eben mit diesem dünnen Hauch von Nichts nicht zu bewerkstelligen ist. Im Ergebnis für die Einführung hierzulande blieb also nichts, als die Marke selbst mit ihrem guten Image.

Wer es auf der Toilette gerne spaßig mag und dabei zur Entkrampfung auch mal lachen möchte, dem sei das Klopapier „WC-Witze" ans Herz gelegt. Es ist fortlaufend mit Kalauern bedruckt und sicher ein Accessoire, welches innerhalb und außerhalb des Lokus guten Anklang finden dürfte. Fast zu schade zum Benutzen.

Und zum guten Schluss: Es gibt wohl nun auch ein nacht-leuchtendes Toilettenpapier. Es nennt sich „Glow-in-the-Dark". Welchen Sinn es erfüllen soll und kann, erschließt sich mir nicht ganz. Vielleicht hilft es, wenn man nachts im Freien sein Geschäft verrichten muss. Aber wer kennt denn per Hand nicht den Weg zum eigenen Gesäß? Und benutzt muss es dann ja nun wirklich nicht mehr strahlen. Es sei denn, man möchte überprüfen, ob das Papier streifenfrei ist, sprich, der Popo sauber ist.

fünf vor zwölf -
wo ist das Problem?

Der Kackrhythmus

Fast jeder Mensch hat einen festen Tagesablauf. Er beginnt mit dem Aufstehen. Danach spalten sich die Lager. Die einen können und wollen nicht ohne Frühstück in den Tag starten. Also wird gemampft. Müsli oder Brot, dazu gibt es Kaffee oder Tee. Erst dann springt langsam der Akku an – und auch der Darm. Spätestens nach der 2. Tasse signalisiert der Darm: Laß` mal die Hose runter!

Den anderen reicht ein Glas Wasser oder die Zigarette am Morgen, vielleicht gibt es auch hier noch ein Käffchen. Oftmals geht es aber auch ohne und schwups ist er draußen - der Morgenschiss. Denn: Der Morgenschiss kommt ganz gewiss´ und wenn es erst am Abend is´. Es geht doch nichts über den Haufen auf dem eigenen Klo zuhause! Danach kann man beruhigt in die Dusche steigen. Ich habe mal einen Mann gesprochen, der immer morgens um 7.15 Uhr „groß muss". Immer. Praktisch, falls nachts mal der Strom ausfällt und der Radiowecker versagt. Er wacht sicher auf, wenn er auf`s Klo muss und weiß dann sogar genau wie spät es ist.

Viele Menschen haben aber auch gar keinen Rhythmus. Sie können es beliebig lange anhalten und dann dort auf die Schüssel springen, wo es ihnen am besten passt. Ihnen ist es somit egal, wann und wo sie müssen, es ist immer passend. Für den sogenannten „Heimscheißer" undenkbar.

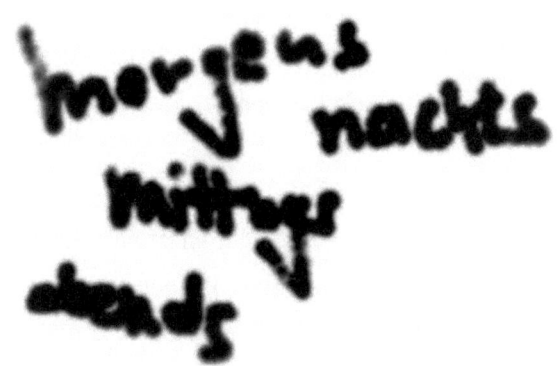

Die Kacktypen

Es gibt sie wirklich: die Schnellkacker! Wenn andere noch pinkeln, sind sie schon mit dem großen Geschäft fertig. Der Haufen oder die Wurst, je nachdem, schießt in sekundenschnelle heraus und übrig bleibt ein sauberer Abgang. Spülen und tschüß. Oftmals ist danach sogar kaum etwas zu riechen.

Unglaublich aber wahr und bereits erwähnt: Es gibt sogar Leute, die können das große Geschäft über Tage hinweg anhalten bzw. herausschieben, zum Beispiel im Urlaub, weil sie keine Lust haben, außer Haus zu kacken. Gesund klingt das nicht, zumal diese Menschen ja unaufhörlich oben nachschieben obwohl unten nix rauskommt. Gesundheitliche Folgen dieser Methode sind derweil nicht bekannt. Oftmals läuft dieser Vorgang übrigens auch unterbewußt ab, sprich: „Mann oder Frau kann einfach nicht im Urlaub".

Dann wären da noch die gemütlichen Kacker. Gemütliche Kacker können den Haufen so lange anhalten, um noch auf dem Weg zur Toilette die nötigen Vorbereitungen zu treffen. Sie sammeln die gewünschten Utensilien zusammen und danach geht es nahezu mit Vorfreude auf das Ereignis Kacken in Richtung Klo. Von Pressen kann nicht die Rede sein, schließlich will man sich Zeit lassen und genießt ganz entspannt seine Lektüre oder Ähnliches. Lustiger weise haben mir mehrere Leute bei Umfragen erzählt, dass ihnen völlig egal ist, was sie lesen. Sie wollen einfach Ablenkung auf dem Klo. Es kann also sein, dass es keine wertvolle Lektüre ist, sondern die Inhaltsangabe der Stoffe des feuchten Klopapiers, weil die Packung eben gerade da liegt und greifbar ist. Ehrlich gesagt geht`s mir genauso. Ich habe deshalb in der Not sogar mal zu einem Comicheft gegriffen und ich mag keine Comics! In der Not frisst der Teufel fliegen. Und Klodett liest beim Kacken dann auch mal Comics.

Zurück zum gemütlichen Kacktyp. Sollte nach mehreren Minuten noch immer nicht alles draußen sein, wird der Druck verstärkt. Oftmals kommt nur ein Furz oder zwei, der Rest lässt auf sich warten. Aber das stört den Ruhekacker nicht. Er sitzt und drückt hin und wieder. Bei ausgeprägter Darmträgheit kann es zu längeren Sitzungen kommen, die bis zu einem Kribbeln in den Gesäßbacken führen – sprich, es schläft einem der Hintern ein. Eine Frau hat mir mal berichtet, dass sie nur ungern bei ihrer Schwester auf die Toilette geht. Der Sitz sei total unbequem und ihr schlafe dort tatsächlich recht schnell der Bobbes ein. Außerdem sei der Raum nicht geheizt und dadurch die Klobrille immer recht kalt. Nicht gerade günstige Voraussetzungen für ein gemütliches, langes Geschäft...

Unangenehm kann es werden, wenn Verstopfung der Fall ist. Man presst und presst und der Kopf droht vor lauter Drücken fast zu Platzen. Nicht selten tut das Drücken auch weh am und im Po, weil der Stuhlgang so fest ist am vorderen Ende und man meint, die Wurst schneide einem gerade den Arsch auf. Man klammert sich an die Klobrille und hofft, mit rhythmischer Sportgymnastik ein Ergebnis zu erzielen, aber oftmals hilft nicht mal die Hockstellung mit Füßen auf der

Klobrille. Muss man abbrechen und zu einem späteren Zeitpunkt die Sitzung weiterführen.

Jetzt gibt es aber nicht selten Situationen, da muss man weg außer Haus und weiß, dass in den nächsten Stunden weder der Ort noch genug Zeit gegeben sein werden für eine befreiende Sitzung. Und die Wurst guckt doch schon halb raus, das verdammte Scheißding! Hierzu ein sehr guter Tipp! Selbst oft erfolgreich getestet: Entweder die Sitzung unterbrechen, aufstehen und sich ein großes Glas lauwarmes Leitungswasser einschenken und auf ex austrinken oder die Person des Vertrauens rufen, sie bitten, das Glas Wasser zu besorgen und ebenfalls auf ex austrinken. Das Ergebnis ist dasselbe: Sofort gluckert es wie verrückt im Bauch und der vor wenigen Minuten noch so störrische Stuhlgang schießt leicht und befreiend in die Schüssel. Ausprobieren! Schaden kann es zumindest nicht.

Eine besonders nette Geschichte war einmal im Radio im Saarland zu hören. Der Moderator und der Hörer unterhielten sich über besagtes Thema. Der Hörer äußerte sich dabei über sein Ritual am Morgen mit dem Hinweis: „…bei mir läuft das mit den „3 Ks"… Auf Nachfrage des

Moderators klärte der Hörer dann auf. Gemeint ist damit das Ritual nach dem Aufstehen: Kaffee - Kippe - Kacken!

Kackgewohnheiten

Kaum eine private Toilette ist ein kahler Raum. In den meisten befinden sich Regale oder Schränkchen. Darin wiederum befinden sich Auto- oder Modezeitschriften. Reserverollen von Klopapier, feuchte Tücher und Reinigungsmittel. Gerne auch das aktuelle, zu lesende Buch oder Sudoku und andere Rätselhefte. Die Sitzung bietet sich auch hervorragend dafür an, die neuen Handyeinstellungen zu studieren oder bereits bekannte Spiele zu testen. So mancher hat auch das Bedürfnis, den Moment der Ruhe für ein lang heraus geschobenes Telefonat zu nutzen. Schließlich ist man fast nirgends alleine - dort in der Regel schon. Und wie wir nach vielen Befragungen wissen, wird auch fleißig gesimst oder über Whats-App geschrieben. *(Weiss denn keiner, dass das alles genauestens protokolliert wird? Muss die Frage rein???)* Ein junger Mann berichtete mir mal, dass er gerne die Bildchen auf seinem Handy anschauen würde beim Kacken – nur, um irgendetwas anzuschauen (kennen wir das nicht schon aus dem Kapitel „Kacktypen"?!). Die Bilder kenne er in- und auswendig, aber das sei ihm egal. Na dann. Mir auch. Absoluter Spitzenreiter unserer Erfahrung nach bei der Wahl der Kackbeschäftigung mit Handy bei jungen Leuten ist übrigens das Nutzen von Facebook. Das erklärt so manchen beschissenen Kommentar...

Bekannt sind auch die Singer oder Pfeifer, die ihre Entlastung unverhohlen der umstehenden oder umher sitzenden Nachbarschaft - vor allem in öffentlichen Klos - mitteilen und der Fröhlichkeit ob ihres Tuns Ausdruck verleihen wollen. Nicht blenden lassen: Das Pfeifen und Singen könnte auch zur Ablenkung heftiger Kackgeräusche dienen, denn Geräusche auf dem Klo zu machen – egal welcher Art, die für andere hörbar sein könnten, sind den meisten Menschen extrem unangenehm. Zumindest fremden Personen gegenüber. Deshalb, so erzählte mir ein junger Mann, lasse er auch immer, wenn möglich, das Wasser am Waschbecken laufen. Andernfalls würde er sich einfach schämen. Ungünstig auch Situationen, in denen man mit dem Chef/der Chefin/dem Kollegen gleichzeitig auf's Klo geht und merkt: "Shit, ich hab` Durchfall oder Druckschiss!". Wer es halten kann, hält an und geht später nochmal in Ruhe aufs stille Örtchen. Allein.

Zu beliebten Gewohnheiten gehört auch das „Verschönern" öffentlicher Toiletten bzw. deren Wände per Filzstift oder es werden mittels Kugelschreiber intelligente Sprüche hinterlassen, von denen es einige weiter unten zu lesen gibt.

Wer ganz trendy ist, nutzt die Zeit zum Surfen oder Fernseher schauen. Moderne Handys und Tablet-PCs machen das möglich. Wie gesagt: Ganz weit vorne Facebook, MyVideo und YouTube ist ebenfalls vorne mit dabei.

Frauen gehen bekanntermaßen gerne zu zweit auf den Ort der Orte. Böse Zungen behaupten, dass sie bei dieser Gelegenheit ausführlich über die Anwesenden lästern. Das kann ich hiermit bestätigen. Wichtiger allerdings als ein Ei zu legen oder Wasser zu lassen ist allerdings das Nachziehen des Lippenstiftes oder das Zurechtzupfen der Frisur. Müssten Frauen ein großes Geschäft, würden sie auf die Freundin dann doch lieber verzichten, schätze ich. Es sei denn, die Frau gehört zu der Gruppe Frauen, die nicht gerne alleine durch die jeweilige Lokalität zum WC laufen möchten oder zu den laut- und geruchlosen Schnellkackern. Letzterer ist eine recht selten anzufindende Spezies.

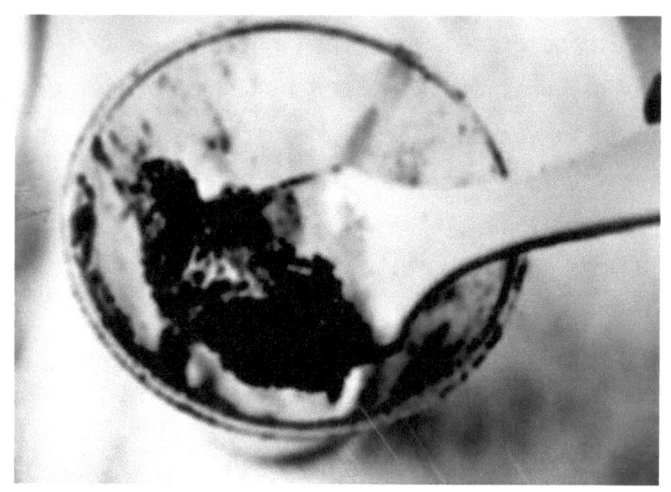

Kackekonsistenzen

Am angenehmsten ist die glatte Wurst. Der Druck ist spontan beseitigt, ein angenehmes End-Darm-Gefühl macht sich breit. Die Wurst ist draußen und die Anwendung von Papier fast unnötig – die sogenannte „Glückswurst". Ein Bekannter erzählte mir, daheim bei ihm und seiner Familie sei das die Bezeichnung dafür. Die Wurst ist quasi „spurlos" aus dem Hinterteil entschwunden. Papier wird nicht benötigt. Glück gehabt.

Anders ist es beim beigen bis dunkelbraunen Schmierhaufen. Erstens hört und hört der nicht auf. Man meint immer noch einen Rest im Hintern zu haben, der aber nicht heraus will. Und zweitens führt ein noch so sorgfältiges und intensives Abwischen selten zum gewünschten Erfolg. Es zeichnet sich immer und immer wieder ein unschöner Strich oder Fleck auf dem vorher farblosen Papier ab. Selbst feuchtes Papier bringt hier selten den gewünschten, sauberen Erfolg. Man sollte dennoch nichts unversucht lassen. Es sei denn, es brennt schon wie verrückt vom vielen Wischen.

Durchfall ist für viele sehr unangenehm, zumal man ihn schlecht halten kann. Wohl dem, der es rechtzeitig auf die Schüssel geschafft hat. Das Abwischen wiederum ist hier meist problemlos. Gut so. Meistens brennt die Kimme sowieso schon durch das häufige Entleeren.

Dann wären da noch die Hasenknoddel. Das sind diese fiesen luftgefüllten Teilchen, die sich zwar gut auskacken lassen, die aber um´s Verrecken beim Spülen nicht verschwinden. Man kann versuchen, mehrere Lagen Klopapier mit herunter zu jagen. Aber die hard-core-luftgefüllten Knoddel schwimmen trotzdem meist gut sichtbar an der Wasseroberfläche.

Ähnlich schwierig sind extrem große Haufen mittel-weicher Konsistenz. Sie sind härter als der gemeine Schmierhaufen, das Abputzen gestaltet sich einfacher, aber beim Spülen sorgen sie für Schwierigkeiten. Es gibt Toiletten, da reicht die Wasserkraft einfach nicht aus. Der Haufen wird zwar von der waagerechten Fläche ins Wasser gestoßen (wenn überhaupt), aber dann reicht der Wasserdruck nicht aus, um ihn in die Kanalisation zu befördern. Die Konsequenz heißt nicht selten: abwarten, bis der blöde Wasserkasten sich wieder gefüllt hat und hoffen, dass die Menschen draußen nicht mitbekommen, dass man zum dritten Mal spülen muss, weil die Kacke einfach nicht weg geht. Auch das Nachschieben mit der Bürste hat keinen Sinn. Im Gegenteil: Das vorher weiße Plastikteil ist danach mit Kack- und noch schlimmer weißen Papierfetzen übersät, die man kaum mehr weg bekommt.

Bei Wikipedia gibt es einen Eintrag, die Bristol-Stuhlformen-Skala, die ich hier explizit aus der Webseite heraus zitiere:

Die Bristol-Stuhlformen-Skala (englisch Bristol Stool Scale, auch Bristol Stool Chart) ist eine Tabelle zur Übersicht über Form und Beschaffenheit menschlichen

Stuhls. Sie wurde von Kenneth Heaton und S. J. Lewis von der University of Bristol entwickelt und als diagnostisches Hilfsmittel vorgeschlagen, um die Dauer der Darmpassage beurteilen zu können, welche wiederum auf eine Reihe von Erkrankungen hinweisen kann. Sie wurde im Jahr 1997 im Scandinavian Journal of Gastroenterology veröffentlicht.

Nach der Bristol-Stuhlformen-Skala werden sieben Stuhltypen unterschieden, wobei die Passagezeit, also die Darmdurchlaufzeit, von Typ 1 (bis zu 100 Stunden) bis zu Typ 7 (etwa 10 Stunden) abnimmt:

Typ 1: Einzelne, feste Kügelchen, schwer auszuscheiden
Typ 2: Wurstartig, klumpig
Typ 3: Wurstartig mit rissiger Oberfläche
Typ 4: Wurstartig mit glatter Oberfläche
Typ 5: Einzelne weiche, glattrandige Klümpchen, leicht auszuscheiden
Typ 6: Einzelne weiche Klümpchen mit unregelmäßigem Rand
Typ 7: Flüssig, ohne feste Bestandteile

Die Typen 1 und 2 weisen auf eine Verstopfung hin, die Typen 5 bis 7 auf Durchfall. Die Typen 3 und 4 gelten als

„Idealstuhl", der leicht auszuscheiden ist und auf keine Erkrankungen hinweist. Eine Glückswurst eben. Und wer beim nächsten Stuhlgang doch wieder drücken muss wie ein Ochse, dem sei gesagt: Unter Druck entstehen Diamanten. Oder so.

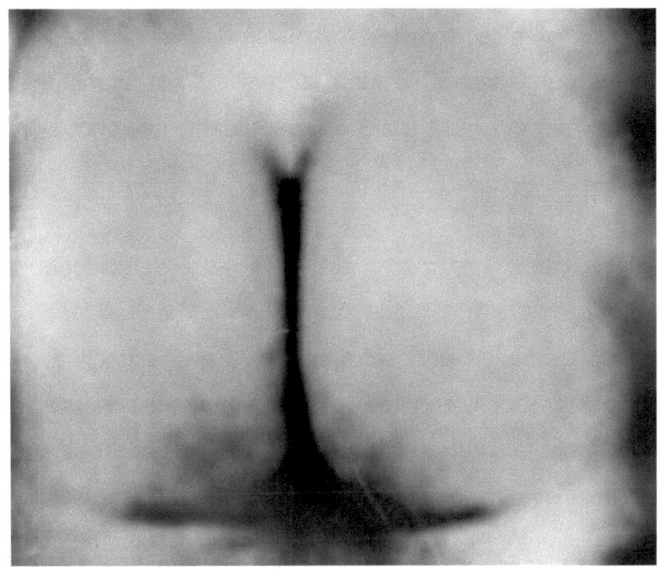

Kackdüfte

Wir alle kennen das: Unser eigenes großes Geschäft riecht nie so schlimm wie das unseres Vorgängers. Das Brett, das man teilweise bekommt, wenn man als Nachfolger private oder auch öffentliche Toiletten betritt, zieht einem schon fast die Schuhe aus. Woran das liegt? Keine Ahnung. Es ist eben so. Wobei man ehrlicherweise sagen muss, dass auch der eigene Schiss teils zum Davonlaufen ist. Leichter gesagt als getan bei beispielsweise nicht enden wollendem Dünnschiss!

Glücklicherweise schaltet irgendwann das Gehirn ab, sodass der Gestank dadurch erträglich wird, zumindest nimmt man ihn nicht mehr so stark wahr, gewöhnt sich daran.

Jeder Darm reagiert anders auf verschiedene Nahrungsmittel. Fast alle Menschen haben allerdings den sogenannten und bekannten Bierschiss nach dem Verzehr großer Mengen Bier. Der Haufen ist meistens fluffig, geht leicht in die Schüssel und riecht recht sauer. Bis der Hintern nach solch einem Bierschiss wieder restlos sauber ist, geht so manches Blatt Papier durch die Ritze. Recht angenehm vom Geruch her hingegen, (und das haben bereits mehrere Menschen ausprobiert und mir bestätigt), ist der Schiss aus reinen Linsen. Er riecht fast wie das zubereitete Nahrungsmittel, hat einen grau/ockeren Farbton und man kann beim genauen Hinsehen auch das eine oder andere schlecht verdaute Linschen noch erkennen. Knoblauch hingegen ist fies in vielerlei Hinsicht. Man riecht nicht nur recht heftig aus dem Mund nach dem Verzehr, sondern auch der Knoblauch-Schiss lässt Nasenhaare schmelzen. Immerhin ist er recht weich und fluffig. Außerdem ist Knoblauch insgesamt sehr gesund. Sein Saft beispielsweise soll auf dem Kopf verteilt Läuse und

Nissen abtöten, gekocht gegessen hilft er bei Husten und der Medicus wusste zu berichten: „Knoblauch macht Lust zu ehelichen Werken". Ich liebe Knoblauch!

Gegen die Düfte gibt es reichlich industrielles Waffenmaterial und Hausrezepte. Einfaches Lüften sofern man ein Fenster hat, Duft in Dosen in allen Duftrichtungen, wenn das Fenster fehlt. Sprays, Gels, Steine, Duftspüler, Kreisel und Würfel für die Luft, das WC-Becken und den Spülkasten selbst bieten reichliche Möglichkeiten, die Nasenreizung aufzuheben.

Auch eine bereitgelegte Streichholzschachtel hilft weiter. Einfach ein Hölzchen in der Schüssel verbrennen oder, ganz luxuriös, ein Räucherstäbchen abfackeln. Der neueste Schrei sind automatische Geruchsabsaugungen. Sie laufen nach Betätigung einige Minuten, um die Düfte direkt aus der Keramik in einem Kohlefilter zu reinigen.

Generell kann man sagen, dass die breiigen Haufen meist übler riechen als glatte Würstchen. Harte Knoddel, sofern sie nicht mit herben Blähfürzen herauskommen, riechen so gut wie gar nicht. Und so mancher erwischt sich in diesem Fall, dass er mit der Nase kurz näher geht und einen kräftigen Atemzug nimmt, weil er schon irgendwie daran interessiert ist, den genauen Riech-charakter seines Werkes zu bestimmen. Ähnlich so wie manche Leute sich ihren Furz zufächeln, nachdem er durch die Hose gekrabbelt kommt. Ein Furz, der nicht gerochen wurde, hat schließlich nie gelebt!

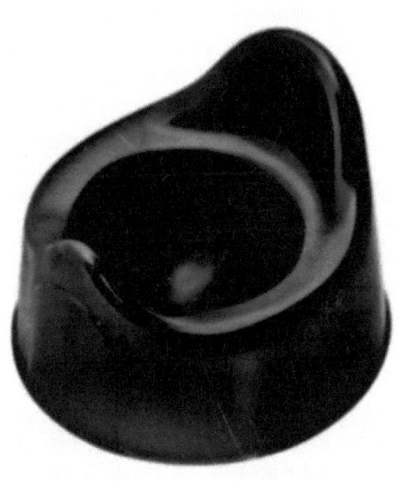

Das Sauberwerden kleiner Kinder

„Das kann doch nicht wahr sein! Ist das normal?", fragt sich so mancher Elternteil beim Sauberwerden des Nachwuchses. Oh ja, es kann! Es gibt kaum etwas, das es nicht gibt. Bei jedem Kind ist der Prozess anders und doch irgendwie bei vielen gleich. Fest steht, für die Kleinen ist Kacken toll! Schon als Windelträger können sie sich freuen wie wilde Eichhörnchen, wenn die Hose voll ist und rufen lauthals „AA" oder „Kacki" oder „Puh". Andere wiederum tänzeln nervös herum, fühlen sich unwohl, weinen und wollen den Stinker sofort aus der

Hose entfernt bekommen. Und wehe, das passiert nicht gleich, dann wird es laut.

Dann gibt es noch die, denen das scheißegal ist. Die laufen einfach so lange rum, bis irgendjemand merkt: „Oh, hat hier jemand einen Stinker in der Hose, hm?!" Bevor es allerdings zum Wickeltisch oder einer anderen Wickelgelegenheit geht, lassen die sich dann gerne noch mal plumpsen, damit es sich am Popo auch so richtig schön verteilt. Das freut einen dann ganz besonders. Sind sie nicht süß, die lieben Kleinen?

Den richtigen Zeitpunkt zum Sauberwerden bestimmen die Kinder übrigens selbst und man sollte sie auf keinen Fall drängen. Das kann mit etwa eineinhalb Jahren sein, weil gerade Sommer ist und die Kinder nackt herumrennen, (was nicht heißen soll, dass sie das beibehalten, wenn es wieder kälter wird), das kann aber auch mit knapp 3 Jahren sein und dann geht es ganz schnell innerhalb von wenigen Tagen und das Ding ist geritzt. Oftmals spielt der Kindergarten eine große Rolle, wenn dort viele andere schon trocken oder sauber sind und der Sprössling das schlicht und ergreifend nachahmt. Kaum ein Arzt empfiehlt heutzutage, Druck auszuüben, schon gar nicht beim großen Geschäft. Das habe etwas mit „Loslassen" zu tun und käme von ganz alleine, verrät auch so manche Fachlektüre zu diesem Thema. Erfahrungsgemäß schadet ein wenig Aufmunterung und Loben ohne Druck bei den ersten Schritten keineswegs. Das spart Windeln, entlastet den Geldbeutel und die Umwelt und die Kleinen freuen sich eventuell über ein Gummibärchen fürs gemachte Häufchen oder Pipi ins Töpfchen.

Manche Kinder machen übrigens beide Geschäfte, Pipi und Kacka gleich schnell ins Töpfchen oder die Toilette. Andere lassen lieber nur Wasser und sparen sich das große Geschäft noch eine Weile für die Windel auf. Obwohl sie beim Pinkeln schon pupsen und der duftende Wind entsprechend die Kackwurst ankündigt, verlangen die Zwerge energisch eine Windel. Das sollte man nicht verweigern (siehe oben). Auch schimpfen oder vehementes Überzeugen wollen, führt nicht zum gewünschten Ergebnis, sondern vielleicht eher dazu, dass die Kleinen sich das große Geschäft im wahrsten Sinne des Wortes verdrücken. Das geht! Tagelang und hat wohl etwas mit Schämen zu tun. „Ich mache etwas falsch", denkt der kleine Mensch. Gut ist das nicht, weder für Geist noch Körper. Sollte Ihr Kind allerdings bald einen Schulranzen tragen, machen Sie ihm vorsichtig klar, dass eine Windel bei den neuen Mitschülern nicht ganz so cool ankommen könnte. Mal schauen, wie lange es dann noch Lust darauf hat. Fest steht, sauber sind diese Kinder schon. Immerhin signalisieren sie, dass sie mal müssen und das unterscheidet sie von den „Nicht Sauberen".

Da wären wir auch schon bei den Kindern, die plötzlich die Windel verweigern, weil sie feststellen, dass so ein luftiger Popo eine feine Sache ist. Man hat nicht mehr diesen quadratischen Riesen-Arsch und es ist nicht mehr so heiß durch das fehlende Plastikteil. Für die Eltern ist das eine spannende Zeit, vor allem wenn, die Kinder noch nicht ganz so weit sind. Das kann nämlich den Nachteil haben, dass sie anfangs die Knoddel „einfach so" verlieren oder in große Blumenkübel pinkeln oder auch einfach daneben. Es ist daher ratsam, mehrmals täglich die Wohnung abzulaufen und nach kleinen Seen etc. Ausschau zu halten. Manche Kinder machen, aus verschiedenen Gründen, heimlich in irgendeine Ecke. Ein anderes Mal müssen Töpfe aus Mamas Schrank herhalten oder es wird ein großes Spontangeschäft in der Dusche erledigt. Sollte ein Kinderklo im Bad stehen und es seit einigen Minuten extrem ruhig sein, lohnt sich übrigens auch ein kurzer Kontrollblick in die Nasszelle. Manchmal überrascht man den Zwerg wie er sich selbst den Popo abwischt oder eben auch nicht und die Hose dann trotzdem blitzschnell hochzieht und abzischt. Das ist zwar nicht schön, immerhin fand aber das Ereignis am passenden Ort statt. „Mama, ich hab` Pipi auf die Couch gemacht, es läuft gerade runter", hat eine befreundete Mutter mal gehört und sich gewundert, was der Sohnemann da von sich gibt. Sie hat dennoch nachgeschaut und festgestellt, es war so!

Kinder lieben es, zu zweit aufs Klo zu gehen (Frauen behalten dieses Verhalten bis ins hohe Alter bei). Zumindest gibt es viele, die, kaum sagt ein Spielkamerad, er müsse mal, hinterher fetzen: „Ich muss auch." Wohl dem, der mal eben ein Gästetöpfchen aus dem Hut zaubern kann. Höchstprofessionell sind zwei gleiche Kindertoiletten, um das Streitpotential zu minimieren, ausschließen lässt es sich kaum. Vor allem, wenn sich beide dann entschließen, doch auf die Erwachsenentoilette zu gehen. Wer hat schon zwei Toiletten direkt nebeneinander? Sind die Knirpse zufrieden mit ihrer Sitzgelegenheit und wackeln mit heruntergelassener Hose fröhlich hin und her, kann das muntere Klo-Happening losgehen. Sensationell ist die Tatsache, dass Kinder ihre Ausscheidungen dem Spielkameraden anpassen können. Wenn der nämlich spontan eine Wurst ins Töpfchen drückt, muss der andere auch. Keine Ahnung aus welcher Rippe sich Kinder das Teil dann drücken – es klappt meistens. Nicht alle Kinder finden die ständige Begleitung zur Toilette so prickelnd, auch nicht vom Kumpel. Einigkeit besteht jedoch sofort bezüglich kleinerer Kinder, die noch gewickelt werden. Da stehen sie im Halbkreis um den Pops herum, beäugen in wenigen Zentimetern Abstand genauestens die Exkremente und schauen sich den gesamten Prozess bis zur frischen Windel ganz genau an. Da gibt es die tollsten Geschichten.

Apropos Geschichten. Ein Buch mit kurzen Episoden oder eine Zeitschrift zum Durchblättern auf der Toilette sorgt, für jeden Elternteil zumindest, für eine kleine Entspannungspause. Da kann man mal so richtig durchatmen (möglichst vor dem Stuhlgang). Vorausgesetzt, der Nachwuchs lässt das zu! An dieser Stelle sollten sich Mütter von Vätern eines ganz klar abschauen: Wenn die alleine kacken wollen, dann machen die das auch. Und die Knirpse akzeptieren das. Anders als bei Mama, die das Mitkommen vielleicht von Anfang an geduldet hat, weil die Nerven zum Zerreißen gespannt waren durch lautes Schreien und Hämmern an der Tür. Da gibt Frau schon mal nach. Wundern darf man sich da allerdings dann nicht, wenn das Kind sich später wundert, warum Mama plötzlich auch alleine aufs Klo will, wo doch das Kind weiterhin live dabei sein möchte. Am besten noch mit langer, ausführlicher Fragerei:" Machst Du nur Pipi oder kommt auch Puh mit?" und schwups – wuuuuhsch, werden einem ruckartig die Knie auseinander gedrückt. „Darf ich mal gucken?" Wehe allerdings, man macht das Gleiche beim Zwerg. „Geh weg und mach` die Tür zu!", heißt es dann kurz und knapp. Eine Art Gerechtigkeitssinn stellt sich zu diesem Zeitpunkt nicht ein - nach dem Motto: Wie Du mir, so ich Dir. Und auch ein abgerungenes Versprechen gemäß: „Dann lässt Du mich beim nächsten Mal aber auch alleine", führt nur selten bis gar nicht zum nächsten erwünschten Alleingang zum Lokus. Man kann mit Ansage auf die Toilette gehen oder sich heimlich still und leise davonschleichen, es ist wurstegal wie man es anstellt. Der Knirps wird immer Lunte riechen und sich einem sofort an die Fersen heften. „Ich komme mit!", tönt es zwischen den Spielsachen hervor. „Du hast aber doch gesagt, Du lässt Mama alleine aufs Klo beim nächsten Mal." Dieser Satz geht links rein und rechts wieder raus, wird nicht weiter kommentiert, sondern einfach nur mit der allbekannten Gegenfrage erwidert: „Machst Du nur Pipi oder auch groß? Darf ich gucken?!" Entweder man lässt es dann wieder zu oder riskiert irgendwann das Geschrei mit Hämmern. Egal wie Sie es anstellen, das Interesse wird weniger. Ist eben doch wieder nur eine von diesen Phasen.

Insgesamt hilft bei diesem gesamten Prozedere nur eins: Eine Riesen Portion Geduld, Durchhaltevermögen und einfach mal herzhaft lachen. Letzten Endes ist das eine wunderschöne Zeit, die so schnell ´rum geht. Und wenn das nicht hilft, denken Sie einfach an Kinder, deren Darm nicht alleine arbeitet und die sich mit künstlichen Ausgängen plagen müssen (siehe auch „Bauchgehirn" weiter unten). Vielleicht nehmen Sie es dann leichter und freuen sich schon jetzt auf den nächsten Kinderschiss. Und eventuell auch auf das begleitende: „Nur Pipi oder machst Du auch Groß? Kann ich gucken?"

Krankheiten

Wenn das Kacken mal nicht funktionieren sollte, dann haben wir ein dickes Problem! Eine einfache Verstopfung führt im Normalfall nicht gleich zum Tode, wenn man rechtzeitig medizinische Hilfe in Anspruch nimmt. Auf Dauer aber schon. Mittlerweile gehören Verstopfungen oder auch Obstipationen genannt, zu den häufigsten Krankheiten. Ausgelöst werden sie meist durch falsche Ernährung, Flüssigkeitsmangel, Reiseinfektionen, Fremdkörper oder Fastenkuren. Oft sind sie auch eine

Nebenwirkung von anderen Krankheiten oder Medikamenten.

Aber auch jede Menge andere Problemchen machen unserem Darm zu schaffen. Entzündungen, Reizdarm, Reizmagen, Unter- und Übersäuerung, Nahrungsmittelintoleranzen, Sodbrennen, Vergiftungen, Magengeschwüre, Übergewicht und Essstörungen um nur einige zu nennen. Hämorrhoiden, Fisteln und Analvenenthrombosen gehen einem auch alles andere als am …vorbei. Sie sind nicht nur äußerst unangenehm, sondern können auch extrem gefährlich werden, wenn Gefäße platzen und somit kräftig bluten.

Und dann gibt es die Krankheit ja auch anders herum. Man kann es nicht mehr halten und platzt vor Durchfall fast weg. Medizinisch auch Diarrhoe genannt. Ursachen können die gleichen sein wie bei den Verstopfungen, dazu gesellen sich Infektionen, Stress, Angst und bakterielle Verunreinigungen.

Medikamente und Therapien gibt es unzählige, auch solche, die nicht verschreibungspflichtig sind und Werbung wird dafür ja reichlich gemacht.

Die wohl bekannteste Reisekrankheit ist Montezumas Rache. Eine heftige Durchfallerkrankung, die durch einen bakteriellen Erreger verursacht wird und rund ein Drittel aller Fernreisenden nicht nur in Mittelamerika erwischt.

Übrigens, nicht nur im Magen oder Darm können sich Krankheiten rund ums Thema Kacken ansiedeln. Auch im Kopf. Bei Wikipedia findet man die Krankheit Lalochezia. Sie ist dort die wissenschaftliche Bezeichnung für Menschen, die in ihrem Sprachgebrauch fortwährend mit den Begriffen „Scheiße", „Kacke", „Mist" usw. um sich werfen.

Wenn auch nicht in so schlimmem Ausmaße, habe ich diese Krankheit auch öfter mal. Zum Beispiel, wenn ich mir den Kopf anschlage oder ich es eilig habe und alle Ampeln schalten auf Rot oder irgendetwas nicht klappt. Meine Medizin in diesem Fall? Tief durchatmen und kurz lachen.

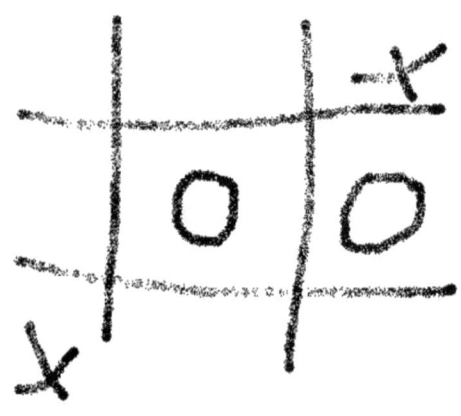

Der Psychoschiss / Angst vorm Kacken

Haben Sie täglich Ihre 1-2 Mal Stuhlgang? Spielt das
große Geschäft außerhalb des Entledigens keine Rolle
für Sie? Dann wähnen Sie sich glücklich, denn eine
Dunkelziffer von Menschen hat so seine Probleme mit
dem lieben Schiss. Es gibt zum Beispiel Menschen, die
das Haus nicht verlassen aus Angst, spontan Groß zu
müssen und das, wenn keine Toilette in der Nähe ist.
Diese Menschen gehen weder einkaufen, noch zum
Zahnarzt, geschweige denn zu einem Konzert oder
einfach nur mit ihrem Kind auf den Spielplatz. Es kommt

zum totalen sozialen Rückzug. Zu groß ist die Angst, dass sich ein großes Geschäft anbahnt und dann am besten noch in Dünnform, was das Anhalten noch mehr erschwert. Jetzt muss man kein Prophet sein, um zu ahnen, dass es dann auch meist so kommt, denn das Unterbewusstsein arbeitet sensationell präzise und zuverlässig.

Tatsächlich kenne ich einen Mann, der jahrelang unter dieser Panikattacke gelitten hat. Eines Tages war er mit seinem Chef im Auto unterwegs und so langsam kam die Angst in ihm auf: "Oh Gott, was ist, wenn ich jetzt kacken muss?" Sie ahnen es, er musste wenige Minuten später und zwar dermaßen dringend, dass sein Chef mitten auf dem Land anhalten musste, damit jener Mann sich entledigen konnte. Und weil kein Klo in der Nähe war, hatte er in einen Hof geschissen. Was für eine Blamage. Dass das Ganze krankhaft ist und nicht gerade nach einer gesunden Psyche riecht, erklärt sich von selbst. Allen Betroffenen sei gesagt: Es ist eine Krankheit, die man heilen kann. Das kann man nur selbst, das nimmt einem keiner ab!

Betroffene, die diese Angst loswurden, betonen immer wieder, es ginge dabei darum, sich erst einmal selbst einzugestehen, dass man organisch gesund ist, dass es wirklich psychisch ist. Erst dann kann man an den Kern der Angst gehen. Wenn das Thema „Angst" generell ein Thema ist, das Sie betrifft (egal, vor was), nehmen Sie bitte Kontakt zu mir auf. Die Emailadresse finden Sie im Nachwort dieses Buches. Ich habe glücklicherweise nicht das Problem der Angst, dafür aber Adressen genialer Ärzte und Coaches, mit deren Hilfe Sie Ihre Angst besiegen können.

Dieses Ausmaß der Panikattacken ist extrem, in weniger starkem Maße betrifft es dagegen fast alle Menschen. Nicht umsonst gibt es den Spruch:" Ich hab mir vor lauter Angst fast in die Hose gemacht." Es handelt sich dabei, um eine Schutzfunktion des Körpers.

Wer übrigens auch oft riesig Angst vor dem großen Geschäft hat, sind Schwangere vor der Geburt. Diese Angst ist durchaus berechtigt, doch sollte man es anders sehen. Es ist einfach nur natürlich, falls es passiert! Wer schon mal ein knapp 4 Kilo schweres Baby im Bauch hatte, der weiß, dass da verdammt wenig Platz bleibt für anderes. Und wenn man dann auch noch drückt, dass einem fast der Kopf platzt, ist es doch nur richtig und wichtig, dass alles, wirklich alles, rauskommt, was den

Geburtsvorgang behindern und erschweren könnte. Hebammen und Gynäkologen wissen, was bei einer Spontan-Geburt auf sie zukommen kann. Deshalb verbieten sie Frauen mit Darmdruck auf die Toilette zu gehen, sondern bieten ihnen an, eine Darmspülung vor der Entbindung zu machen. Ist zwar nicht unbedingt angenehm, doch kann man sich, wenn es dann losgeht, besser auf das Kind konzentrieren als auf die Frage: "Oh, kacke ich jetzt der Hebamme vor die Nase?"

In einem Forum für Frauen habe ich dazu den folgenden Spruch einer Geburtshelferin gefunden: „Besser Stuhl auf dem Stuhl als das Baby im Klo!" Über diese Tatsache sollte sich die werdende Mama übrigens vielleicht mal mit dem werdenden Papa unterhalten, damit der, falls er bei der Geburt dabei sein möchte, nicht plötzlich vor braunen Tatsachen steht und sich wundert.

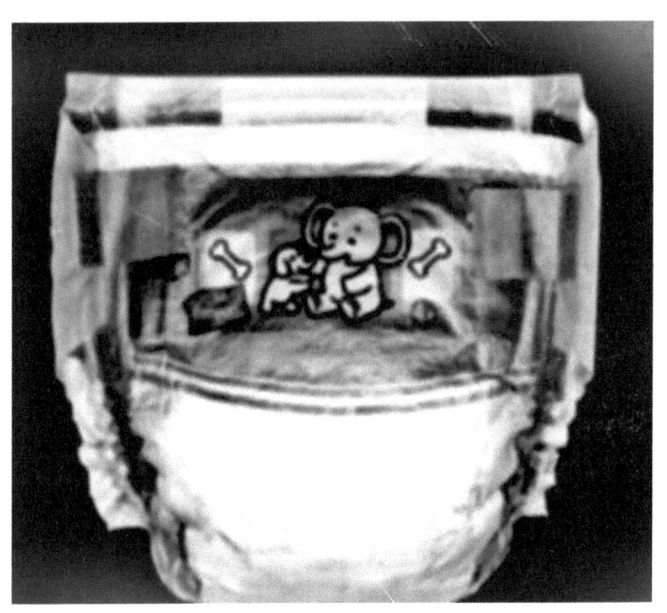

Die Windel

Sie begleitet uns am Anfang unseres Lebens und so manchen auch wieder am Ende seines Lebens. Die optimale Windel riecht nicht nach Plastik, ist bequem und hautverträglich auf dem Babypopo, hält trocken und verhindert, dass Dünnschiss den Babyrücken hoch gedrückt wird und somit den Body und alle weiteren Babyklamotten total einsaut - meistens zumindest. Es gibt sie in verschiedenen Größen, eingeteilt nach

Gewichtsklassen. Die meisten Mütter legen sich schnell fest und schwören auf „ihre" Marke. Die wenigsten Frauen sind „Windelhopper" und kaufen mal die oder mal die Sorte.

Bis zum 3. Lebensjahr eines Kindes etwa, erweist sich eine Wickeltasche oder Ähnliches (mit mindestens einer Ersatzwindel) als äußerst nützlich. Die kleinen, süßen Monster sind durchaus in der Lage, eine soeben frisch angezogene Windel erst völlig einzupinkeln, um dann die nächste neue Windel innerhalb von nur wenigen Minuten randvoll zu kacken. Zu erwähnen sind auch diejenigen Kinder, die durchaus als „trocken" gelten, weil sie in der Lage sind, zu signalisieren, wenn sie „Pipi" oder „Kacka" müssen, die aber großen Wert darauf legen, wie weiter oben bereits erwähnt, das große Geschäft noch in die Windel zu verrichten. „Mama, bitte Windel anziehen. Ich muss Puh!" lautet dann das eindeutige Signal für die Mutter und die kann beruhigt aufatmen: „Oh, gut, dass ich noch Windeln mitgenommen habe!".

Dixi und Co

Was das Pipi machen angeht, haben Männer diesbezüglich einen ganz großen Vorteil: sie müssen nichts anfassen. Außer sich selbst, aber auch das nicht zwingend. Frauen hingegen sind wesentlich empfindlicher und fangen sich generell ja recht schnell eine lästige Pilzinfektion ein. Da hilft auch kein Pinkeln im Stehen oder drei Lagen Klopapier. Beim Kacken kommt es sowohl bei Frauen als auch bei Männern auf die Oberschenkelmuskulatur an. Oder eben doch auf die vielen Schichten Klopapier, die auf die Klobrille gelegt werden, wenn das Kacken im Stehen einfach nicht geht.

Eins haben da beide Geschlechter gemeinsam: ist der Ekel vor der Dixi-Toilette riesig groß, z.B. durch sichtbare Exkremente der Vorgänger oder den hervorstechenden Gestank des kaugummiähnlichen Desinfektionsmittels, ist der nächste mögliche Herpes-Ausbruch nicht weit entfernt. Die ganz großen Dixi-Verächter erkennt man bereits an den gezückten Taschentüchern, schon allein beim Türanfassen und Reingehen, und den angewiderten Gesichtern beim Verlassen inklusive kurzem Schütteln des gesamten Oberkörpers.

Was diese Toilettenart dennoch auszeichnet, ist die Tatsache, dass man sie an jeder beliebigen Stelle aufstellen kann und damit manchem erst, insbesondere auch den Damen, ein Toilettengang ermöglicht wird. Schade, dass es bisher nicht gelungen ist, die Produktionen der Vorgänger irgendwie zu überdecken. Am dritten Tage einer Großveranstaltung beim Betreten des Häuschens die Leistungen hunderter von Vornutzern zwangsweise begutachten zu müssen, ist eine harte Nummer, von der mangelnden Hygiene vieler Benutzer ganz abgesehen. Eine Klobürste würde allerdings auch kaum helfen, zumal es sicher nur wenige gäbe, die dieses Teil überhaupt in die Hand nehmen würden. Insgesamt gesehen dennoch sehr gut, dass es diese Dixis gibt und vor allem Menschen, die bereit sind, unsere hervorragenden Leistungen zu entsorgen.

Toilettenordnungen

Davon gibt es viele. Die meisten verulken das, was man eigentlich ganz selbstverständlich tun sollte. Manche brauchen es dennoch und zwar ganz genau.

Bitteschön:

1. Die Toilette wird sitzend benutzt.

2. Der Benutzer setzt sich unter gleichzeitigem Anheben der hinteren Bekleidungsstücke so tief in die Hocke, bis das Gesäß in der Sitzaufnahme einrastet.

3. Das Gewicht des Körpers ist gleichmäßig gleichseitig verteilt, die obere Körperhälfte leicht nach vorn geneigt. Die Ellenbogen ruhen auf dem Muskelfleisch der Oberschenkel, der Blick ist frei geradeaus gerichtet.

4. Unter ruhigem Ein- und Ausatmen drängt der Benutzer unter gleichmäßigem Anspannen der Bauchmuskulatur den Darminhalt in den dafür bestimmten Durchbruch des Porzellanbeckens.

5. Falls sich die Spülung durch äußere Einflüsse löst, steht der Benutzer auf, richtet sich nach den Fliesen aus und verharrt.

6. Nach beendeter Prozedur macht der Benutzer eine Wendung nach halblinks unter gleichzeitigem Anheben der rechten Gesäßhälfte, erfasst das Reinigungsfähnchen (ca. 10 x 15 cm) mit dem Daumen und Zeigefinger der rechten Hand, wobei der Mittelfinger als Stütze dient, und fährt sie durch die von Muskelfleisch gebildete Kerbe.

7. Linkshänder führen sämtliche Tätigkeiten mit der linken Hand aus, damit Verletzungen vermieden werden.

8. Es ist dem Benutzer freigestellt, das Reinigungspapier von oben nach unten oder umgekehrt zu führen.

9. Die Reinigung ist so oft zu wiederholen, bis 5 Blätter sauber erscheinen.

10. Nach dem Reinigen richtet sich der Benutzer auf, steht einen Moment still und entspannt. Dann beginnt er mit dem Ordnen der Kleidung.

11. Anschließend macht er eine Drehung um 180 Grad bei Anhebung des linken Fußes (Drehung auf beiden Füßen verboten - Unfallgefahr!) und betätigt die Spülung.

12. Die Reinigung erfolgt auf Sicht.

13. Während des Aufenthaltes auf der Toilette ist es dem Benutzer verboten, ohne besondere Genehmigung zu essen, zu trinken, sich hinzulegen oder Geschenke an-zunehmen.

Und hier noch eine gängige lustige Ordnung:

§ 1 Vor Benutzung der Toilette ist der Deckel zu öffnen.

§ 2 Sparsam mit dem Papier umgehen, wenn nötig Vorder- und Rückseite benutzen.

§ 3 Bei Papiermangel mit der Klobürste vor- bzw. nach-putzen. Nicht zu starken Druck verwenden. Achtung: Verletzungsgefahr.

§ 4 Klosettbürste nicht zum Zähneputzen, zur Fingernagel-Reinigung oder Ähnlichem verwenden.

§ 5 Energie sparen! Trotzdem auch im Dunkeln eine hohe Trefferquote anstreben!

§ 6 Achtung Dauerhocker! Der Schleudersitz wird automatisch ausgelöst.

§ 7 Nebengeräusche durch lautes Pfeifen, Singen und Jauchzen übertönen.

§ 8 Für Wandbemalungen nur wasserfeste Farben verwenden und leserlich schreiben!

§ 9 Spülung nur bei drohender Ohnmacht oder Erstickungsgefahr betätigen.

§ 10 Beim Haare waschen im Klo Brille gut festhalten. Für Verlust wird nicht gehaftet.

§ 11 Bei Überschwemmung Ruhe bewahren! Schwimmweste anlegen, langsam schlürfen.

§ 12 Ab 10 Personen wird dieser Raum wegen Überfüllung geschlossen.

§ 13 An den Obolus für die WC-Frau denken!

Leider konnte ich auch hier den Autor nicht entdecken, aber es bringt die Sache kurz und knackig gut auf den Punkt:

Willst Du mal gemütlich kacken,
so leg die Hände in den Nacken,
die Ellenbogen auf die Knie,
dann kannst Du kacken wie noch nie.
Hast Du beendet Dein Bemühen,
vergiss nicht an dem Strick zu ziehen.

Zuletzt wirf einen Blick ins Becken,

sind da vielleicht noch braune Flecken?

So nimm die Bürste, Gott sei Dank.

Mit dieser kriegst Du es wieder blank.

Und sind noch Tropfen auf der Brille

so soll es sein dein letzter Wille,

entfern Sie mit ´nem Stück Papier

nun schließ den Deckel, dann die Tür.

Wem die Scheisse bis zum Hals steht, der sollte den Kopf nicht hängen lassen!

Toilettensprüche

Auf nahezu jeder öffentlichen Toilette sind sie zu finden. Meistens niveaulos, dafür aber mit dickem Edding oder Kugelschreiber immer waschfester angebracht: Die Toilettensprüche.

Auch in Betrieben findet man sie öfter, aber dort werden sie recht schnell entfernt, sobald der Betroffene oder Angesprochene selbst Besucher war oder wenn über einen Vorgesetzten Nettigkeiten geschrieben wurden. Die meisten sind einfach nur doof und sexistisch, vor allem auf Toiletten von Rastplätzen.

Es sei hier noch deutlich erwähnt, dass von Seiten der Autorin und ihres Teams keinerlei Urheberansprüche bestehen und Urheber dazu auch nicht benannt werden können, weil sie schlicht unbekannt sind. Es fehlen also die entsprechenden Fußnoten und Verweise auf

Copyrechte etc. Nicht, dass ich deshalb einen Doktortitel aberkannt bekomme.

Hier also die gesammelten Werke der letzten zwei Jahrzehnte:

Salomo der Weise spricht: Laute Fürze stinken nicht, aber die so leise zischen und so still dem Arsch entwischen, Mensch, vor denen hüte dich, denn die stinken fürchterlich.

Schild im Klo: Bitte Klobürste verwenden!
Und darunter : Auuuua! Die kratzt so!

Verehrte Herren und Damen, scheißt nicht auf den Rahmen, sondern in die Mitte, das ist bei uns so Sitte!

Was ist ein Furz? Der verzweifelte Versuch, den Arsch zum Reden zu bringen.

Das hier zur Verfügung gestellte Toilettenpapier bitte beidseitig benutzen! Der Erfolg liegt auf der Hand.

Wusstest Du schon, dass Aftershave nicht das Gegenteil von Mundwasser ist?

Liebe Köchin, lieber Koch, hier fällt Eure Kunst ins Loch!

Wer huddelt kehrt die Autobahn!

Hier auf diesem stillen Ort, gibt es Dilettanten - Künstler kacken in das Loch, die Stümper auf die Kanten.

Nicht alles was zwei Backen hat ist ein Gesicht.

Für die einen ist es Klopapier, für die anderen die längste Serviette der Welt.

Hab` Sonne im Herzen und Zwiebeln im Bauch, dann kannst du gut furzen und Luft hast du auch.

Hier wird gesammelt von Mann und Frau Liebesgaben für den Ackerbau. Drum drücket hier mit Müh´ und Kraft für´s Wohlergeh´n der Landwirtschaft.

Am Ende des Tages ist es so, wie es einer der besten Sprüche, die ich in einer Toilette in einer Universität zum ersten Mal gelesen habe, beschreibt und dem ist wohl auch nichts hinzuzufügen:

„Die Qualität von Toilettensprüchen verhält sich umge-kehrt proportional zu ihrer Häufigkeit."

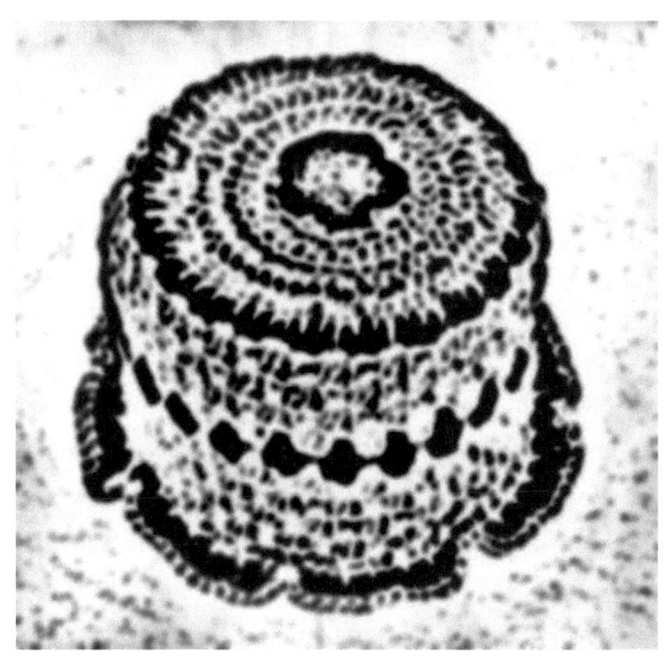

Im Auto

Man kennt das. Man sitzt im Auto und es ist nicht mehr
allzu weit nach Hause. Eigentlich müsste man schon auf
die Toilette, aber man glaubt, man könne es bis nach
Hause durchhalten. Ist doch allemal besser, als auf einer
öffentlichen Toilette oder einem Rastplatz auf der
Autobahn Platz zu nehmen. Man braust also an den
entsprechenden Hinweisschildern vorbei. Obwohl

darunter mahnend steht: „Das nächste WC in so und so vielen Kilometern". Und dann passiert es, praktisch wie bestellt. Warnblinker so weit man schaut direkt nach der letzten Entleerungsmöglichkeit. Ein Stau. Nichts geht mehr. Man bremst langsam und schon schiebt sich der Druck von hinten am Gesäß in das Gehirn bis nach ganz oben. Ein Problem! Also erst mal anhalten und hoffen, dass es nicht zu lange dauert, damit man sich retten kann. Kann man aber nicht, weil die weiter vorne schon am Aussteigen sind und auf der Fahrbahn umher laufen. Also Radio an oder neuerdings das Handy gezückt und nachgesehen bzw. nachgehört, was hier denn Sache ist. In so einem Fall hört und findet man ja sowieso nichts. Also was tun? Erst mal den Gürtel lockerer machen und vielleicht den Knopf der Hose auf. Das entspannt und mindert den Druck auf den Unterleib. Wie lange das wohl dauert? Von hinten nahen in einer Gasse die Rettungsfahrzeuge, es dauert also länger. Man blickt umher und sucht nach Gleichgesinnten, alle sind zwar genervt, aber ohne hochroten Kopf. Wie sieht die Umgebung aus? Ein Gebüsch für den Notfall? Keines weit und breit. Es ist einer dieser Autobahnabschnitte, der rund herum schön betoniert und frei ist. Nur für den Fall, es ginge nichts mehr, kann man sich sicher sein, hunderte von Augenpaaren als Gäste bei der Notdurft begrüßen zu dürfen. Irgendwo ein Wohnwagenfahrer, den man um Hilfe bitten kann? Natürlich nicht. Wie machen das eigentlich die Fernfahrer in ihren LKWs? Haben die eine Toilette dabei für den Notfall? Das ist doch jeden Tag Thema bei dieser Berufsgruppe.

Der Darmdruck steigt. Okay, einfach mal anders hinsetzen und versuchen sich abzulenken. Aber man kann an nichts anderes mehr denken. Die Zeit läuft und ein anderer Gedanke, ein anderes Gefühl will einfach nicht mehr aufkommen. Es beginnt die Suche nach Toilettenpapier oder Papiertaschentüchern oder irgendetwas anderem, was im Notfall helfen kann. Wenn man Glück hat, geht es ein paar Meter weiter und Hoffnung keimt auf, die jäh zu Nichte gemacht wird, wenn man wieder zum Stehen kommt. Jetzt wird es langsam brenzlig und Panikgefühle machen sich breit. Wo soll man hin mit seiner Not? Nach draußen oder weiter abdrücken oder im Notfall vielleicht in die eigene Hose und dann ganz akrobatisch den Weg nach Hause fortsetzen? Wie toll wäre jetzt eine der vorher noch hassgeliebten Toiletten auf dem Rastplatz? Man vergisst die Zeit und denkt nur noch an das Eine.

Dann geht es doch weiter. Ganz langsam zwar, aber es geht immerhin weiter. Das nächste „P" Schild wird zum liebsten Verkehrsschild, das man je gesehen hat. Irgendwann kommt man dort an - keine Ahnung wie man das schaffen konnte, was man sonst so lange gar nicht kann - und verzieht sich schnellst möglichst hinter einen Busch oder die Bäume, um sich zu entspannen. Aber beim nächsten Mal auf einem Parkplatz an der Autobahn wundert und beschwert man sich über die Haufen und das herumliegende Papier. Das sollte man spätestens jetzt nicht mehr tun.

Es kann übrigens auch ganz anders ausgehen! Die Geschichte eines Bekannten hat mich sehr beeindruckt. Er konnte seine Notdurft nicht bis zum nächsten Rastplatz wegdrücken. Stattdessen verzog er sich in dieser Situation bei abgestelltem Fahrzeug hinter die Leitplanken der rechten Seite und legte dort sein Ei in die freie Botanik. Zuschauer inklusive. In Ermangelung von Papier benutzte er kurzerhand die eigene Unterhose, die dann dort auch als Souvenir verblieb oder für hungrige Igelchen und Mäuschen – wer weiß das schon? Weiter ging es dann im Stau in der Hose, aber eben ohne Unterhose. Der Mut hat ihm im weiteren Vorwärtsdatteln viele freundliche und grinsende Gesichter in den anderen Fahrzeugen rund herum eingebracht.

Tja, was raus muss, muss eben raus.

Das Reisen mit kleinen Kindern kann in diesem Zusammenhang sehr nützlich sein. Und abgedunkelte Fenster an den hinteren Scheiben des Autos. Eine weitere Geschichte handelt von einer jungen Mutter, der im Stau fast die Blase geplatzt wäre. Das Kind schlief glücklicherweise im Kindersitz und machte somit nicht zusätzlichen Rabatz, also kletterte die Mutter kurzerhand auf den Rücksitz, schnappte sich eine Windel und pinkelte gefühlte 4 Liter in das flauschige Kleinkind-Utensil. Dieser Einfall ist im Notfall bestimmt hilfreich.

Was man aus / mit Kacke machen kann

Normalerweise gehen wir davon aus, dass unsere braunen Exkremente in einer Kläranlage landen. Das ist wohl auch meistens der Fall. Dort wird sie von lieben Bakterien zerknabbert und über einen Bach oder Fluss gut gereinigt wieder in die Umwelt entlassen. Das muss aber nicht der einzige Weg der Entsorgung oder der Weiterverwendung sein. Unabhängig davon, dass einige Menschen Fäkalien auch für sexuelle Handlungen verwenden, worauf ich hier lieber nicht weiter eingehen möchte, wird mit Kacke noch so allerlei angestellt.

Zu allererst genießt Kot eine sehr beliebte Verwendung als Düngemittel, überwiegend Tierkot natürlich, dafür aber weltweit, ergänzt um das flüssige Pendant Gülle. Kennt jeder, wenn die Felder herrlich duften, denn die lieben Tierchen können das auch ganz gut. Eine weitere Verwendung ist die Vergärung und die damit einhergehende Erzeugung von Biogas.

Darüber hinaus wird Kot, übrigens auch menschlicher, gerne im Lehmbau verwendet. Außerdem wurde früher die menschliche Notdurft in sogenannten Goldeimern gesammelt, manchmal auch gegen Bezahlung, weil er in speziellen Fabriken zu Dünger weiter verarbeitet wurde. Auch als Brennstoff wird er verwendet, dann aber vorwiegend der von Tieren, speziell in Gebieten die nicht genügend Holzvegetation vorzuweisen haben, also z.B. in den Wüstenzonen der Erde der von Kamelen.

Auch in der Fortpflanzung spielt der Kot eine wichtige Rolle, denn einige Pflanzenarten breiten sich damit aus. Unverdauliche Samen umhüllen sie mit Fruchtfleisch, welches von Tieren gefressen wird. Diese scheiden den unverdaulichen Samen an anderer Stelle wieder aus. Im Übrigen ernähren sich auch manche Tiere durchaus vom Kot eines anderen Tieres. Man denke an die Fliegen oder den Toiletten-Spruch: Fresst Scheisse – Milliarden Fliegen können nicht irren.

Und nun wird es ein wenig, sagen wir mal, abwegig. Im Wesentlichen besteht unser Kot aus Eiweiß, Fetten und Kohlehydraten. Überwiegend nicht verdaut oder in einer chemischen Zusammensetzung, die uns form- und geruchstechnisch weniger an Nahrung denken lässt. Japanischen Wissenschaftlern ist es nun gelungen, all diese wertvollen Bestandteile zu extrahieren und daraus wieder einen Burger herzustellen, den sie auch mit Genuss verspeisen. Gut, über Umwege und umgearbeitet essen wir auch den Kot unserer Nutztiere auf den Feldern, Gülle also, und vielleicht zwingt uns irgendwann die stetig steigende Weltbevölkerung dazu, solche Maßnahmen zu ergreifen. Ich würde das dann aber gern nicht mehr erleben müssen. Die entsprechende Meldung dazu findet man übrigens im Netz und natürlich bei YouTube im Bewegtbild.

Kacke im Tierreich

Neben den Pflanzen, Pilzen und Schimmelpilzen, die die wertvollen Mineralien aus dem Kot benötigen, gibt es auch im Tierreich zahlreiche Verwendungen für das, was wir Kacke nennen. Hunde und Katzen markieren damit ihr Revier. Viele Nagetiere scheiden ihren Kot aus und fressen ihn danach wieder, um ihn nochmals zu verdauen und um weitere Nährstoffe zu gewinnen. Der Pillendreher nutzt den Kot sowohl zur Ernährung als auch zur Fortpflanzung. Regenwürmer tun das auch, genauso wie Fliegen und viele weitere Insekten. Kleine

Koala-Bären (ja die kleinen süßen Dinger) fressen den Kot der Mutter, um Nährstoffe aufzunehmen und um eine Darmflora aufzubauen, die es ihnen später ermöglicht, die Eukalyptusblätter besser verdauen zu können.

Elefanten, die im Zoo leben, haben eine spezielle Angewohnheit, die man ebenfalls als Video auf YouTube finden kann. Sie fahren mit ihrem Rüssel in den Hintern eines anderen Herdenmitgliedes und stecken den Rüssel anschließend ins eigene Maul. Das heißt, sie fressen, was sie aus dem After des anderen herausfischen.

Das hat zwei Gründe: erstens ist es ein Dominanzverhalten, also in der Regel zeigt der große Elefant dem kleineren Elefanten wo der Hammer hängt und zweitens besteht der Kot aus nahezu unverdauter Nahrung und ist optimal für ihren Organismus. Elefanten können nämlich die ihnen hier angebotene Nahrung wie Äpfel und Salat nur zu ungefähr 40% verdauen. Sie sind von der Steppe anderes gewohnt. Das, was also beim Vordermann drin steckt, ist nur geringfügig vorverdaut und scheint dementsprechend auch noch ganz ordentlich zu schmecken.

Einige Hunde tun das ebenfalls. Das liegt daran, dass ihre Vorfahren (die Wölfe) beim erjagten Tier den Darm mit fressen und somit auch seinen Inhalt. Meerschweinchen und Hasen überwinden damit in freier Natur Mangelzeiten, denn im Kot befinden sich Überschüsse, die vom Darm nicht aufgenommen werden können.

Ameisen halten sich sogar andere Insekten, um deren wohlschmeckenden Exkremente (den Honigtau) als Nahrung zu verwenden. Weitere Beispiele aus dem Tierreich ließen sich noch reichhaltig fortsetzen.

Übrigens noch zwei weiterführende Fragen zum Selbststudium: Warum ist eine der besten und teuersten Kaffeesorten der Welt schon mal verdaut, Stichwort Zibetkatzen, und was essen wir eigentlich ganz genau, wenn wir Honig essen?

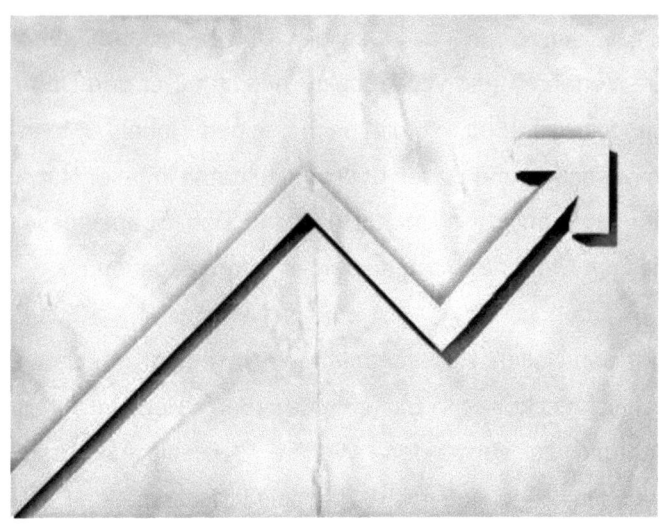

Die Statistik des Kackens

Im Laufe eines Lebens nimmt der Mensch statistisch gesehen 50 Tonnen Flüssigkeit und 30 Tonnen Nahrung zu sich. Der durchschnittliche Mensch scheidet im Laufe eines Tages etwa 1,25 Liter Urin und etwa 250 Gramm Kot aus. Von seinem ersten Schiss bis an die Bahre. Da kommt ganz schön was zusammen, nämlich knapp 8 Tonnen während seines ganzen Lebens. Rechnet man das alleine auf die Bevölkerung von Deutschland um, so wären das 664 Millionen Tonnen – keine schlechte Summe, oder? Weltweit wären es bei einer

Bevölkerungsannahme von derzeit 7 Milliarden Menschen insgesamt 56 Milliarden Tonnen. Da fragt man sich wohin das alles geht. Nun, es verteilt sich, weil es ja auf ein ganzes Leben von etwa 80 Jahren gerechnet ist. Aber dennoch sind das weltweit im Jahr 700 Millionen Tonnen. Mit einer passenden Idee – also einer Lösung der Frage: Was kann man kommerziell aus Kacke machen?, könnte man hier viel Geld verdienen, sofern man die Logistik dafür in den Griff bekommt.

Bemerkenswert in Zahlen ist auch, wie lange im Leben wir uns damit beschäftigen. Der tägliche Stuhlgang mit Vor- und Nachbereitung dauert im Schnitt knapp 10 Minuten. Rund 2,5 Tage im Jahr hocken wir also auf dem Klo um unser Geschäft zu erledigen. Das sind im Laufe eines 80jährigen Lebens ungefähr 200 Tage. Mehr also als ein halbes Jahr unserer Zeit hier auf der Erde verbringen wir damit. Ohne die Zeit fürs Pinkeln mitzurechnen.

Um den Unrat loszuwerden betätigen wir die Spülung, zumindest in Westeuropa. Für das kleine wie das große Geschäft. Im Schnitt gehen dabei etwa 6 Liter Wasser in die Rohre. Rechnet man nur 4-mal Pinkeln und einmal Kacken am Tag, summiert sich das auf etwa 30 Liter am

Tag, 11 Kubikmeter im Jahr oder rund 870 Kubikmeter im Laufe eins Lebens. Im Jahr jagen wir damit in Deutschland also 880 Millionen Kubikmeter besten Trinkwassers unseren Haufen hinterher. Eine riesige Verschwendung.

Eine Rolle Klopapier genügt für etwa eine Woche pro Person. Das sind gut 50 Rollen im Jahr oder etwa 4000 Rollen im Laufe eines Lebens, die ebenfalls über die Kanalisation entsorgt werden. Zusätzlicher Papierkram, Feuchttücher usw. sind dabei noch gar nicht mitberücksichtigt.

Kacken ist damit in vielen Bereichen ein ernst zu nehmender Industriezweig mit Umsätzen in Milliardengröße. Und dabei ist nicht einmal berücksichtigt, was das Tierreich zur Fäkalienmenge auf der Erde beiträgt, ganz besonders die Massentierhaltung, die Vergüllung auf den Feldern und wo diese Mengen schließlich überall landen. Im Grundwasser, in unseren Mägen oder in den Weltmeeren. Wir sind umringt.

Und noch etwas spannendes, was zum Stuhlgang beiträgt: Jedes Gramm Stuhlgang enthält mehr Bakterien als es Menschen auf der Erde gibt. Im Darm leben geschätzt von Fachleuten rund 100 Billionen Bakterien. Das heißt dann aber auch: Wir haben wahrscheinlich mehr fremde Lebewesen im Körper als wir eigene Körperzellen besitzen, denn derzeit schätzen Fachleute die Anzahl der Körperzellen auf genau diese 100 Billionen Zellen.

Synonyme

Kacken hat viele Bezeichnungen. Im medizinischen Bereich spricht man von Stuhlgang, ansonsten seilt man eine Wurst ab, scheißt, legt ein Ei, lässt ein Pfund („5 Pfund ohne Knochen"), macht einen Haufen oder eine Presswurst. In der Kindersprache hat man einen Stinker in der Hose, „II" oder „AA", Pfui oder muss Kacka oder Puh. „AA" machen, Stuhlgang, Anal auslagern, auf den Donnerbalken gehen, der Keramik zeigen, wer der Boss ist, einen Mitesser aus dem Kreuz drücken, ein Snickers aus der Lende pressen, ein Fax aus Darmstadt empfangen, eine Lokusblume pflanzen, den Thron besteigen, eine Landmasse schaffen, der Schüssel ein Opfer bringen, dem Porzelangott zeigen, wer der Boss ist, die Reinigungskraft für Stoffwechselendprodukte beschäftigen, ein Update auf die Kloschüssel spielen, einen Koffer stehen lassen, dahin gehen, wo auch der Kaiser zu Fuß hingeht, Rektalhusten, Biobreak, rückwärts ausparken, oder, ganz modern und tagesaktuell, einen Brennstab ins Abklingbecken bringen wären weitere recht gängige Bezeichnungen. Oder eben ganz klassisch: Groß müssen.

Das erstaunliche daran: Man kann nahezu sagen was man will, man wird immer verstanden!

Besonders zu empfehlen sind in diesem Zusammenhang auch die „Verbal Krüppel". Die beiden haben zu Ehren eines Freundes ein Video gedreht, in dem sie 222 Begriffe für „…auf´s Klo gehen…" gedreht haben. Es ist im Internet zu finden per Suchmaschine oder direkt auf www.emok.tv

Fucking hell!

Sprichwörtliches

„Alles Scheisse" oder „verdammte Scheisse noch mal" sind sicherlich sehr bekannte und beliebte Flüche und dabei sehr selbsterklärend. Sie werden auch schon von kleinen Kindern gebraucht, die sich das von uns Großen abhören. Wir erschrecken uns dann, wie häufig wir die Begriffe im Alltag selbst verwenden.

Oft zu hören ist auch die Redewendung „…jemand mit Scheisse bewerfen…". Das kann man natürlich im eigentlichen Sinne tun, was wohl eher selten vorkommt oder man meint, jemanden mit Aussagen zu konfrontieren, die ihm nicht schmecken und die für die Öffentlichkeit gänzlich ungeeignet sind. Die Medien leisten dazu ein Übriges, wenn es darum geht, wahre oder unwahre Dinge über Dritte schnell zu verbreiten, sie stürzen sich geradezu darauf.

Im Normalfall hat man daraufhin direkt „verschissen" – was mittlerweile ebenfalls ein alltäglicher Begriff geworden ist. Ebenso die Formulierung: „...Dir haben sie wohl ins Gehirn geschissen...". Sie meint, dass der Angesprochene wohl unendlich dumm war oder sich gleichsam so verhalten hat.

„Die Kacke ist am Dampfen" bedeutet dagegen, dass sich eine Situation unangenehm zugespitzt hat und nun große Not herrscht. Also damit das glatte Gegenteil von „...auf die Kacke hauen..." was man tut, wenn man mal so richtig die Kuh fliegen lässt. Das wiederum ist nicht gleichbedeutend mit „...auf die Kacke hauen, bis es spritzt...", denn hier ist gemeint, so ordentlich in unangenehmen Dingen herum zu wühlen, bis ein Beteiligter daraus einen Nachteil erleidet.

Kacke kann aber auch ganz positive Effekte haben. Wir kennen ja auch die Formulierung „...der Teufel scheisst immer auf den größten Haufen...", was soviel bedeutet wie: Wer schon hat bekommt, ohne großes Zutun, einfach durch Glück noch mehr dazu. In den letzten Jahren ganz besonders beliebt geworden, auch bei namhaften Politikern, ist die „Kakophonie". Damit ist gemeint, dass der eigentlich gewollte Gleichklang eher

sehr unangenehm und unharmonisch, sprich un-
ästhetisch klingt.

Kacke, Scheisse, Dünnpfiff und viele ähnliche Begriffe
spielen also in unserem Leben in vielfältiger Bedeutung
eine große Rolle. Wir verwenden sie täglich, jeder, genau
so wie wir es täglich tun. Natürlich würden das die
meisten Menschen schlichtweg leugnen. Fakt ist aber:
wir tun es und wir reden darüber.

Kacken im Internet

Es gibt unzählige Seiten zu diesem Thema, einige seien hier kurz vorgestellt:

www.youtube.de: Hier findet man eigentlich alles. Filme über Toiletten, Menschen, die furzen und dabei versuchen, die entstehenden Abgase zu verbrennen, Pinkelorgien, Tipps zum Kacken und auch Werbefilmchen, die sich damit beschäftigen. Sehr spaßig, ganz besonders der Werbefilm von der Bildzeitung. ...ich geh nur kurz Kacken! Ja, nichts ist härter als die Wahrheit.

www.derkackblog.net: Hier tauschen sich Menschen zum Thema mit ihren Erfahrungen aus. Die Zahl und Art der Einträge zeigt deutlich, wie wichtig das Thema ist. Und den Kackblog gibt es natürlich auch auf Facebook. Unbedingt „liken".

www.stupidedia.org: Die Enzyklopädie völlig ohne Sinn beschäftigt sich ebenfalls mit dem Thema Scheiße und bringt es auf über 5000 „gefällt mir" Einträge über Facebook. Besonders empfehlenswert ist dort das Stuhllexikon.

www.couchkartoffelsalat.de: Der Macher dieser Seite versteht es alle Situationen des Alltags in wunderbare Flashfilmchen zu verpacken und das Thema Kacken ist natürlich auch dabei.

www.facebook.de: Hier findet man eine eigene Seite mit dem Titel „I love Kacken". Sie hat rund 12.000 Fans.

www.scheisse-bewerten.de: Ein unglaubliches Portal. Hier geht es einzig und allein darum, den Haufen der anderen in einer Skala von 1-10 zu bewerten. Wem es gefällt…

Sehr lustig sind auch diese Adressen: www.scheisse-forum.de, www.verficktescheisse.com... Und zur Ergänzung: Google findet zu dem Begriff „Scheiße" knapp 12 Millionen Ergebnisse!

Und als besonderes Schmankerl: www.kacke-im-sack.de. Eine Firma VEB GmbH bietet hier gekörnten Naturdünger, genauer gesagt Rinderdung, in handelsüblichen 12,5 kg Säcken an. Nicht die Tatsache an sich, sondern die Art der Aufmachung für das Produkt, ist einfach lustig anzusehen.

Und dann noch etwas durchaus sehr Sinnvolles. www.worldtoilet.org: Hier handelt es sich um eine Organisation, die weltweit arbeitet und sich zur Aufgabe gestellt hat, unhygienische Bedingungen insbesondere in Entwicklungsländern anzuprangern und diese zu verbessern. Gegründet wurde sie 2001 von Jack Slim in Singapur. Die NGO veranstaltet jährlich am 19. November einen Welttoilettentag, weil sie die Benutzung von funktionierenden Toiletten wichtig für die menschliche Würde und zur Verhinderung von Krankheiten hält. Unterstützenswert!

Auch für Apple Fans lässt sich zum Thema Kacken etwas Brauchbares finden. Unter der Internetadresse www.behance.net findet man, wenn man den Suchbegriff „ipoo" oder „ipoo Toilet" eingibt, ein WC für den Hausgebrauch, welches exakt in der bekannten Form des Apfels daher kommt. Sowohl die Grundform, als auch Brille und Deckel sind unverkennbar. Mich würde nicht wundern, wenn es demnächst öffentliche Toiletten gibt, z.B. in Internetcafés, die dieses zeitlose Accessoire verwenden. Derzeit ist es wohl aber noch eine Design-Studie und der Ersteller bestreitet, dabei an den Weltkonzern mit dem bekannten Logo gedacht zu haben. Der hat bei seiner Bezeichnung „4S" (for ass) für ein I-Phone aber auch nicht alle Aussprachemöglichkeiten berücksichtigt.

www.shitsenders.com: hier kann man jeder beliebigen Person (allerdings nur in den USA) besondere Tierkacke schicken. Im Angebot befinden sich Kuhfladen, Gorillakacke oder Elefantendung. Die Menge ist variabel. Der Versand erfolgt völlig anonym, so dass man damit Menschen beglücken kann, die man nicht leiden mag. Vermutlich hat hier ein Zoo aus der Not eine Tugend gemacht.

Auf der Facebook-Seite von „Das Kackbuch" findet man weitere, zahlreiche Verlinkungen zu Kuriosem aus dem Netz, mit Bildern, Filmchen, Sprüchen. Einfach mal reinklicken und liken wäre natürlich auch schön.

Viel Spaß beim Surfen also.

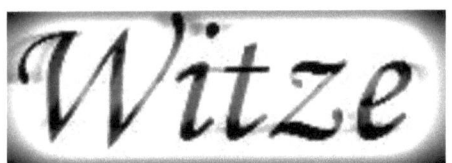

Witze

Zuerst ein witziges Gedicht mit der wichtigen Frage, wer ist hier der Boss? Leider konnte trotz eingehender Recherche der Autor nicht entdeckt werden.

Ein Körper hatte Langeweile
da stritten sich die Körperteile
gar heftig und mit viel Geschrei,
wer wohl der Boss von ihnen sei.

Ich bin der Boss - sprach das Gehirn,
ich sitz' ganz hoch hinter der Stirn,
muss stets denken und euch leiten.
Ich bin der Boss, wer will's bestreiten?

Die Beine sagten halb im Spaße,
"Gib nicht so an, du weiche Masse!
Durch uns der Mensch sich fortbewegt,

ein Mädchenbein den Mann erregt,
der Mensch wirkt doch durch uns erst groß,
ganz ohne Zweifel, wir sind Boss!"

Die Augen funkelten und sprühten,
"Wer soll euch vor Gefahr behüten,
wenn wir nicht ständig wachsam wären?
Uns sollte man zum Boss erklären."

Das Herz, die Nieren und die Lunge,
die Ohren, Arme und die Zunge,
ein jeder legte schlüssig dar:
"Der Boss bin ich - das ist doch klar!"

Selbst der Penis strampelte keck sich bloß
und rief entschlossen: "Ich bin der Boss!"
Die Menschheit kann mich niemals missen,
denn ich bin nicht nur da zum Pissen."

Bevor man die Debatte schloss,
da furzt das Arschloch: "Ich bin Boss!"
Hei, wie die Konkurrenten lachten
und bitterböse Späße machten.
Das Arschloch darauf sehr verdrossen
hat zielbewusst sich fest verschlossen -

es dachte konsequent bei sich:
"Die Zeit, sie arbeitet für mich.
Wenn ich mich weigere zu scheißen,
werd' ich die Macht schon an mich reißen."

Schlaff wurden Penis, Arme, Beine,
die Galle produzierte Steine,
das Herz, es stockte schon bedenklich,
auch das Gehirn fühlte sich kränklich.
Das Arschloch war nicht zu erweichen,
ließ hier und da ein Fürzchen streichen.

Zum Schluss, da sahen's alle ein:
"Der Boss kann nur das Arschloch sein!"

Und die Moral von der Geschicht´:
Mit Fleiß und Arbeit schafft man's nicht.
Um Boss zu werden hilft allein,
ein Arschloch von Format zu sein,
das mit viel Lärm und ungeniert
nichts anderes als nur Scheiße produziert.

Hält ein Mann neben einer gutaussehenden Frau an der Ampel. Er lässt elegant das Fenster herunter. Das tut sie auch und lächelt ihn ganz verzückt an. Darauf dann der Mann zur Frau: „Na, auch gefurzt?"

Fred und Klaus treffen sich wie üblich am Dienstag gegen Abend um über ihre Schandtaten vom letzten Wochenende zu quatschen. Meint Fred: "Ich war am Wochenende auf einer Party, die war klasse, die Gastgeber hatten sogar ein goldenes Klo!" Daraufhin Klaus: "Du hast ´ne Meise, ein goldenes Klo ..."

Nach einigem Hin und Her kommen beide auf die Idee, zu den Leuten, die die Party gegeben haben zu gehen und nachzusehen, ob das mit dem goldenen Klo auch stimmt. Gesagt getan, die beiden marschieren los und einige Minuten später klingeln die beiden an der Tür der Gastgeber.

Eine etwas ältere Frau öffnet die Tür und blickt die beiden fragend an: "Kann ich helfen?" Fred: "Ja, gnädige Frau. Ich war am Wochenende bei Ihnen hier auf Ihrer

Party, und mein Freund Klaus hier, will mir nicht glauben, dass Sie hier im Haus ein goldenes Klo haben."

Die Frau guckt die beiden an, dreht sich in den Hausflur und ruft ganz laut: "Hermann, hier ist das Schwein, das in deine Posaune geschissen hat!"

Ein Priester und eine Nonne spielen Tischtennis. Der Priester ist etwas aus der Übung, und schon bald erwischt er den Ball nicht und schimpft: "Scheiße, daneben!" Die Nonne ermahnt den Popen, weil der liebe Gott das Schimpfen ja so gar nicht mag.

Nach einer Weile jedoch entfährt es dem Popen nach einem misslungenen Schmetterball wiederum "Scheiße, daneben!" Nun wird die Nonne aber sehr streng und verbittet sich diese gottlose Schimpferei.

Der Priester nimmt sich auch zusammen, jedoch nach einem weiteren Fehlschlag entfährt es ihm wieder: "Scheiße, daneben!" Daraufhin erhebt sich ein gewaltiges

Gewitter, es stürmt und donnert, und schließlich wird die Nonne von einem Blitz getroffen.

Darauf die Stimme von oben: "Scheiße, daneben!"

Der kleine Sohn fragt den Vater, was Politik sei. Der Vater meint: "Nehmen wir zum Beispiel unsere Familie. Ich bringe das Geld nach Hause, also nennen wir mich Kapitalismus. Deine Mutter verwaltet das Geld, also nennen wir sie die Regierung. Wir beide kümmern uns fast ausschließlich um dein Wohl, also bist du das Volk. Unser Dienstmädchen ist die Arbeiterklasse und dein kleiner Bruder, der noch in den Windeln liegt, ist die Zukunft. Hast du das verstanden?"

Der Sohn ist erst einmal zufrieden. In der Nacht erwacht er, weil sein kleiner Bruder in die Windeln gemacht hat und nun schreit. Er steht auf und klopft am elterlichen Schlafzimmer, doch seine Mutter liegt im Tiefschlaf und lässt sich nicht wecken. Also geht er zum Dienstmädchen und findet dort seinen Vater bei ihr im Bett. Doch auch auf sein mehrmaliges Klopfen hin lassen die beiden sich nicht stören. So geht er wieder in sein Bett und schläft weiter.

Am Morgen fragt ihn sein Vater, ob er nun wisse, was Politik sei. Der Sohn antwortet: "Ja, jetzt weiß ich es. Der Kapitalismus missbraucht die Arbeiterklasse, während die Regierung schläft. Das Volk wird total ignoriert und die Zukunft ist voll Scheiße!"

———————

Ein Personenzug fährt von Ost nach West-Deutschland. Im Klosett befand sich bahnamtlicher Vermerk: Die Benutzung ist nur 5 Minuten gestattet. Das gibt dem Preußen Anlass zu folgendem Vers: Wer hier mal watt verrichten will, der möchte sich mal sputen, die Bahnverwaltung gönnt dir nur zum Kacken 5 Minuten.

Da kam ein Bayer und schrieb darunter: Wer diesen Vers geschrieben hat, der ist gewiss von Preußen, denn wer nicht viel zum Fressen hat, hat auch nicht viel zum Scheißen.

Ein Schwabe liest die Zeilen und schrieb darunter: Wer aber des geschrieben hat, der ist gewiss ein Bayer, die fressen viel und saufen viel und scheißen wie die Geier.

Ein Sachse, dem war es zu dumm und er schrieb darunter: Seht hier die deutsche Einigkeit, hier tut es sich beweisen, dem einen gönnt man's Fressen nicht, dem anderen nicht das Scheißen.

Zum guten Schluss schrieb ein Österreicher: Wer Fried´ und Eintracht sehen will, der braucht nicht weit zu wandern, in unserem schönen Österreich scheißt einer auf den anderen.

Viel mehr „lustiche Sachen" gibt's bei lustich.de

Geschichten aus dem Alltag

Hier nun folgen in unsortierter Reihenfolge Geschichten und Informationen, die mich per Mail erreicht haben oder die uns in den letzten Jahren erzählt wurden oder an uns herangetragen worden sind. Einfach alles, was nicht so richtig in ein anderes Kapitel hinein passt. Manches einfach zu lustig oder einfach nur kurios. Manchmal kann man aber auch nur den Kopf schütteln, welche Ideen einige Leute so haben.

Ein Leserbrief: Not-Kacken vor dem Reichstag

Ich bin kürzlich 18 geworden und habe von einem guten Freund Ihr Buch geschenkt bekommen, zusammen mit einer Tasse in Kloschüsseldesign und einer Schoko-creme mit der vielsagenden Aufschrift "Kotaufstrich". Sie sehen, ich bin begeisterter Anhänger der banalsten aller Tätigkeiten. In unserer Pfadfindergruppe, in der das Thema augenscheinlich großen Anklang findet, stehen Fäkalhumor und lustige Kackstories auf der Tages-ordnung!

Der Aufruf am Ende Ihres Buches, hat mich dazu bewogen, diese Mail zu schreiben :) Ich habe schon so viele Kackgeschichten gehört, erlebt und belacht, dass ich sie gar nicht alle erzählen kann; deshalb finde ich es toll, dass es viele gleichgesinnte Menschen gibt, die dem Thema mit genauso viel Begeisterung entgegentreten, wie ich es tue!

Meine Lieblings-Kackstory ist zum Glück nicht mir selbst widerfahren, sondern einem Freund auf der Klassenfahrt vor 2 Jahren nach Berlin. Wir standen also an einem heißen Tag im August vor dem Reichstagsgebäude in der viel zu langen Warteschlange, und mein Kumpel hatte mir schon vor einiger Zeit signalisiert, dass er ordentlich Dünnschiss habe und sich nicht mehr lange halten könne. Unser Hotel war allerdings nur mit einer halbstündigen Bahnfahrt erreichbar, und die Gruppe verlassen durften wir auch nicht. Und plötzlich merke ich nur, wie er sich verkrampft und sich (mit wohlgemerkt weißer Hose) volle Kanne einscheißt, direkt vor dem Reichstag, mit hunderten Zuschauern. Sofort hatte er einen riesigen braunen Fleck hinten in der Hose, und man sah es förmlich sein Bein hinablaufen. Alle haben zugeschaut, und ich möchte wirklich nicht in seiner Haut (oder Hose) gesteckt haben zu diesem Zeitpunkt!

Ebenfalls beliebt in meinem engen Freundeskreis sind alle Stories von Sitzungen, die ganz besonders geduftet haben, und zum Beispiel Putzpersonal von Hotels verschreckt und in die Flucht geschlagen haben; ebenso alle Haufen, die nicht beim ersten Spülgang runtergehen wollten, und manchmal bis zu drei oder gar vier Mal Spülen benötigten.

Ich finde Kacken und Furzen die lustigsten Dinge auf der Welt, und bemitleide jeden, der diese besondere Art von Humor nicht genießen kann.

Meinen ausdrücklichen Respekt zum Schreiben des Kackbuchs, wir brauchen mehr solche Menschen wie Sie in unserer doch manchmal etwas prüden Gesellschaft, in der Kacken zu oft als Tabu abgestraft wird.

Witziges Kinder-Würfelspiel: Der Kackeldackel

Hier gibt es kein Dazwischen: Entweder man liebt dieses Spiel oder man wendet sich angewidert ab. Ich gehöre zu Ersteren! Der Kackeldackel ist ein Plastikhund, dem in kleinen Portionen bunte Knetmasse ins Maul geschoben wird. Anschließend steckt man ihm einen Knochen ins Maul, der den nötigen Unterdruck erzeugt, um die Knetmasse durch den Dackel zu befördern. Durch Pumpen mittels einer Hundeleine wird die Masse durch den langen Hundekörper gedrückt und kommt in Wurstform hinten wieder raus. Jeder Mitspieler muß vor dem Pumpen würfeln. Der Würfel zeigt dann an wie oft man drücken darf. Bei jedem Drücken/Pumpen mit der Hundeleine wackelt der Schwanz des Dackels und am Pubs-Geräusch kann man schon erkennen, ob die Kacke bald hinten rausrutscht. Unter dem Po postiert derjenige, der dran ist, sein Schäufelchen. Wer zuerst drei Kackwürste darauf hat, hat gewonnen. Am schönsten ist das Gequieke der Kinder, wenn Omas und Opas verlegen lachen, wenn ihrem Dackel beim Drücken ständig knatternde Fürze rausrutschen. Null Pädagogik, dafür reiner Spielspaß. Sehr empfehlenswert.

Erlebnisbericht: Zeitung und Kackduft - geht gar nicht!

Eine Freundin hat mir von den seltsamen Gewohnheiten ihres Vaters berichtet. Er geht, und das schon seit Jahren, nur einmal in der Woche auf die Toilette, um sein großes Geschäft zu verrichten. Und zwar samstags, immer am Vormittag. Unter der Woche will er nicht, oder kann es nicht – egal, er hebt es sich immer auf bis samstags. Keine Ahnung, wie er das macht, außer ihm macht das wohl keiner in dieser Familie. „Samstag ist Kacktag". Das Ritual ist immer dasselbe. Die Mutter meiner Freundin, also seine Frau, muss ihm dazu eine Flasche frische Milch kaufen und wehe, wenn mal keine da ist. Diese trinkt er fast auf einen Zug aus, bis es ordentlich bei ihm im Bauch rumpelt. Dann begibt er sich mit der „La Gazzetta dello Sport" (das ist eine italienische Zeitung, die sich ausschließlich mit Sport befasst) bewaffnet auf die Toilette und ist für etwa eine Stunde nicht mehr zu sehen. Zu riechen dagegen schon. Zitat:

„Ich muss wohl nicht beschreiben, wie das dann nach der Sitzung stinkt. Unerträglich. Mittlerweile bin ich ausgezogen, aber das Trauma verfolgt mich!" Es geht sogar soweit, dass meine Freundin bis heute ein Problem mit einer bestimmten Duftmischung hat. Immer, wenn ihr Mann mit einer Zeitung auf dem Klo kacken war und sie danach in den Raum kommt, wird ihr speiübel. Man muss dazu sagen, dass die Familie damals keine extra Gäste-Toilette hatte. Nein, sie war in dem Raum, in dem sich auch die Dusche befindet. Nicht nur, dass das gesamte Bad jeden Samstag 1-2 Stunden belegt war, wer abends duschen wollte vorm Weggehen oder nach dem Sport, musste das vorher tun oder eben viel später, um keinen nasal bedingten Spontankollaps zu erleiden. Zitat: „Es war wirklich brutal. Ich brauche wohl nicht zu erwähnen, dass das regelmäßig zu einigen Streits bei uns daheim geführt hat." Nein, unnötig.

Das Kacke-Restaurant

Eine Leserbriefschreiberin berichtet mir aus dem Urlaub von einem Toiletten-Restaurant, samt beigefügten Bildern. Und siehe da, das Restaurant gibt es tatsächlich, und zwar wohl in China. Wundert das irgendjemanden?

Man findet es unter www.moderntoilet.com.tw samt netter Bilder. Das Besondere daran: sämtliche Einrichtungsgegenstände sind Toilettenartikel. Man sitzt auf Porzellan-WCs, die Speisen werden in besonderem Porzellan gereicht, welches ebenfalls toilettenartig daher kommt. Statt Servietten gibt es Klopapier, getrunken wird aus Urinflaschen. Alles andere ist ebenfalls in diesem Design gehalten und mittlerweile gibt es dazu einige Filialen. Als Touristenattraktion bestimmt sehenswert. Ob man dort dann tatsächlich appetitlich essen gehen kann, sei mal dahingestellt.

Meinkot

Ein Bekannter weist mich darauf hin, dass es eine Ortschaft gibt, die sich Meinkot nennt. Das Ortschild dazu fände man im Internet. Dass das noch nie jemand für den privaten Gebrauch entwendet hat? Ein besseres Toilettenschild zuhause an der Klotür gibt es doch gar nicht. Die Gemeinde gehört übrigens zu Velpke im Landkreis Helmstedt in Niedersachsen. Einen Bewohner und wie er über seine Ortsbezeichnung denkt habe ich bisher nicht gesprochen. Vermutlich wird es ganz anders ausgesprochen und verliert dadurch ein wenig seinen Reiz.

Tolles Kinderbuch: Wer hat mir auf den Kopf gemacht?

Es gibt eine sehr erfolgreiche Kindergeschichte, die auch als Video auf YouTube zu finden ist. Sie heißt: „Vom kleinen Maulwurf, der wissen wollte, wer ihm auf den Kopf gemacht hat". Ein Maulwurf schaut aus seinem Hügel als plötzlich ein Haufen Kacke auf seinem Kopf landet. Er macht sich auf die Suche und fragt verschiedene Tiere, ob sie ihm auf den Kopf gemacht hätten. Die Auflösung, wer es war und wie er überführt wurde, ist sehr lustig.

Der Kinderbuchklassiker wurde 1989 veröffentlicht und ist inzwischen ein internationaler Bestseller. Er wurde in 27 verschiedene Sprachen übersetzt und es gibt die Geschichte sogar in Blindenschrift. Kinder erfahren auf lustige Art und Weise, wie sich der Kot der einzelnen Tiere unterscheidet. Außerdem wird das Tabuthema „Kot ausscheiden" völlig unkompliziert dargestellt. Sehr witzig und unbedingt zu empfehlen. Garantierter Lesespaß – nicht nur für Kinder.

Das Klomuseum

In Wiesbadener Stadtteil Erbenheim gibt es seit einiger Zeit ein Klomuseum. Genauer gesagt seit 2011. „Harlekin's Klooseum – Museum of Modern Arsch". Hier geht es einzig und allein um die Geschichte der Toilette. Aufgebaut ist die Ausstellung in der Form des menschlichen Darms beginnend mit dem Hinterausgang. In einzelnen Abschnitten wird man Zeitzeuge der Entwicklung vom Nachttopf, dem Bau der ersten Toilette in Deutschland bis zum modernen WC der heutigen Tage. Ein Besuch ist zu empfehlen. Mehr dazu findet man auch im Netz unter www.klooseum.de.

Die Ausstellung

In Japan, wo sonst? Die Toilette für Geschäfte aller Art hat jetzt im Nationalen Museum für Zukunftsforschung und Innovation in Tokio eine eigene Ausstellung erhalten. Gezeigt werden Schüsseln in den unterschiedlichsten Farben und Formen. Das Prachtstück der Ausstellung ist eine überdimensionale Toiletten-Rutsche, welche den Nachwuchs auf die Reise unseres Stuhlgangs schickt. Für die Kleinen heißt das eine Häufchen-Mütze aufsetzen und „eintauchen" bzw. „einrutschen" in die Welt des stillen Örtchens!

Das Bauchgehirn

Im Magen, in der Speiseröhre und im Darm haben wir etwa 100 Milliarden Nervenzellen: Diese Zellen im Verbund werden das enterale Gehirn genannt. Sie sind direkt mit dem Kopf und dem Gehirn verbunden und reagieren auf Stress, Wohlbefinden, Glück oder Unglück und auch für die Liebesgefühle leisten sie einiges. Liebe geht durch den Darm. Der Darm ist übrigens das einzige Organ, das nicht oder nur kaum transplantiert wird. Bei einer Darmtransplantation besteht ein hohes Risiko der Abstoßung. Glücklicherweise verlief die erste Darmtransplantation bei einem Kind im Jahr 2009 erfolgreich. Damals hatten Mediziner aus Tübingen in einem 15-stündigen Mega-Eingriff einer damals Dreijährigen einen neuen Dünn- und Dickdarm transplantiert. Das Mädchen war ohne Darm-Nerven auf die Welt gekommen und wurde nur durch Infusionen ernährt. Heute ist sie 8 Jahre alt und isst am liebsten Burger. Also, wenn die eigenen Knirpse mal wieder zu viel Schoki oder anderen Kram genascht haben sollten:

Drauf geschissen! Einfach nur freuen, dass sie das überhaupt können darmtechnisch.

Ein Leserbrief: Ägypten

Nilkreuzfahrt mit Ausflügen. Ich stand mit meiner Reisegruppe im Tempel von Karnak. Die Gruppe war schon sichtlich dezimiert, der Durchfall war auf dem Siegeszug. Mich hatte es bisher nicht erwischt. Bisher. Mitten in der Führung schoss ein Blitz in meinen Darm und es entstand eine Druckgefühl, das ich so noch nie zuvor erlebt hatte. Wo gibt es eine Toilette? Auf Nachfrage keine im Tempel. Bravo. Mir platzt der Unterleib und keine Möglichkeit weit und breit sich zu verstecken.

Schließlich wurde mir vom Reiseführer doch ein Ort gezeigt. So schnell wie möglich dahin. Vor dem Abort, und das ist genau die richtige Bezeichnung, eine lange Schlange. Ich dachte, ich kacke jetzt mal frontal in die Hose, so hat es gedrückt. Vor der Tür steht ein junger Ägypter und verkauft Klopapier, für 1 Dollar. Nicht die ganze Rolle, nein, je Blatt. Abgesehen davon, dass das ein Horrorpreis ist hatte ich keine Dollar dabei. Was tun?

Erst mal warten, bis man dran ist, während man das Gefühl hat, zu explodieren. Und als ich dann dran war, entriss ich ihm die restliche Rolle, sprang ins Klo und verschloss die Tür. Gott sei Dank war sie abschließbar, was nicht unbedingt üblich ist in diesem Land.

Der Zustand der Toilette war unsäglich, ob der Dinge, die ich zufügen wollte aber gelinde gesagt scheißegal. Was vor der Tür los war, muss ich kaum erzählen. Der Ägypter veranstaltete einen Aufstand vom Allerfeinsten. Mein Glück war wohl nur, dass die meisten Anwesenden ebenfalls Touristen waren und er sie nicht so gut gegen mich aufhetzen konnte wie Einheimische. Mir war es egal. Ich habe geschissen wie niemals zuvor, anders lässt es sich nicht beschreiben. Das Gefühl fertig zu sein, stelle sich nicht ein, aber irgendwann musste ich ja runter, weil die Schlange ja drängelte. Also abgeputzt, angezogen und das restliche Papier geschnappt. Vor dem Entriegeln der Tür kurz Luft geholt, Tür aufgerissen und sofort losgerannt. Dem kreischenden Ägypter habe ich im Vorbeirennen die Restrolle ins Gesicht geworfen und einen Mann in der Warteschlange fast umgenietet.

Was ich konnte, bin ich gerannt. Gleichzeit stieg durch die schnelle Bewegung wieder der Druck im Hintern, aber wie! Ich versuchte abzukneifen und so schnell wie möglich zum Schiff im Hafen zu kommen. Welches Bild ich da wohl für alle Beobachter abgegeben habe, will ich gar nicht wissen. In tänzelndem Joggingschritt, arschabkneifend, über den ganzen Vorplatz bis zum Schiff gerannt und dabei stetig steigender Druck. Es war grausam. Ich dachte, das schaffe ich nie. So ein Gefühl gönne ich niemand.

Aber ich habe es doch geschafft. Über den Steiger direkt aufs Schiff und im Foyer direkt zur nächsten Toilette. Bis zur eigenen Kabine wäre es nicht gegangen. Dort dann eine Entleerung, die ihresgleichen sucht. So viel habe ich niemals gegessen und bei mir behalten. Unmöglich. Dafür aber entspanntes Sitzen auf einer sauberen Toilette. Das war Gold wert. Nach längerer Zeit und dem Gefühl es wagen zu können, dennoch im Sauseschritt, in die eigene Kabine und dort direkt wieder aufs Klo. Herrlich war es und dankbar war ich auch, dass nur ganz wenig bei meinem Laufausflug in die Unterhose entglitt.

Weniger herrlich, dass ich dort fast zwei Tage nicht mehr runter kam. Alle Mittelchen, Tabletten, Tröpfchen, Kohle, nichts half wirklich und ich entleerte mich fortwährend. Solche Mengen an Kot kann man eigentlich gar nicht im

Darm mit sich herum tragen. Das einzige was ging und bitter nötig war, war Wasser zu trinken. Sonst wäre ich wohl via Dünnpfiff innerlich vertrocknet.

Eine Besserung war nicht in Sicht, wohl aber der Zielhafen der Kreuzfahrt, von dem es per Bustransfer etwa 8 Stunden nach Hurghada zurück ging, das wusste ich ja von der Hinfahrt. Und wegen Terroralarm wird es keine Pause geben, keine Rast, also kein Klo. Na Bravo.

Aber es tut sich eine kleine Chance auf: einer der sechs Busse hat eine Toilette, wohlgemerkt einer! Also fröhlich an der Rezeption Bakschisch hinterlegt und siehe da, der Toilettenbus war meiner. Der Darm gab derweil immer noch keine Ruhe, nichts half und ein Entfernen vom Klo undenkbar.

Der Transfertag kam und im Bus durfte ich dann feststellen, dass die Toilette außer Betrieb war. Na Mahlzeit. Ich mache es kurz. Ich lag die gesamte Zeit im Gang des Busses auf dem Boden, nur darauf konzentriert, meinen Schließmuskel zusammen zu halten. Ich glaube, man kann da sowohl Muskelkater als auch Krämpfe bekommen. Ein Höllentrip und das im Urlaub. Dennoch habe ich es hinbekommen und das

Hotel erreicht. Aber auch da hatte ich noch zwei Tage zu kämpfen, bis ich wieder etwas essen und behalten konnte. Das war mein schlimmstes „Kackerlebnis" und das im Urlaub - ich werde es nie vergessen. Und wenn Sie es veröffentlichen, dann bitte anonym. Danke.

Selbstverständlich!

Firma schafft Klopapier ab

Die niederländische Firma Decos verzichtet laut einem Zeitungsartikel in der FAZ seit neustem komplett auf jedes Papier, auch auf Toilettenpapier. Statt der Rolle auf dem Lokus gibt es dort jetzt eine Wasserreinigung. Das Wasser der Dusch-WCs ist lauwarm und nach dem Spülen kommt dann ein Fön zum Einsatz. Für die Kanalisation sicher eine gute Sache, die ja unter zu viel Papier und zu wenig Wasser leidet. Ob es unter dem Strich eine Ersparnis zwischen weniger Papierverbrauch und dafür mehr Wasserverbrauch ist, ist unklar.

Wer wird Millionär

Es gab vor einiger Zeit bei der Sendung mit Günter Jauch auf RTL eine ganz besondere Frage zu unserem Thema:

Bei welchem Imbiss hätte ein Verlust des „n" fatale Folgen für den Verzehrgenuß? Zur Auswahl standen:

A: Grillhähnchen
B: Döner Kebap
C: Fischbrötchen
D: Knackwurst

Hier bleibt Kacke ebenfalls nicht außen vor, auch wenn nicht mehr bekannt ist, auf welcher Gewinnstufe die Frage gestellt wurde.

Die Arschkarte

Der Begriff kommt ursprünglich aus dem Fußball und ist ganz wörtlich zu verstehen. Als es vor vielen Jahren nur

Schwarz-Weiß-Fernseher gab, konnte der Zuschauer ja nicht die Farbe des vom Schiedsrichter gezogenen Kartons erkennen. Deshalb wurde zur verbesserten Erkenntlichkeit vereinbart, dass die gelbe Karte aus der Brusttasche gezückt wird, wohingegen die rote Karte aus der Gesäßtasche zu ziehen ist. Eigentlich merkt man das ja auch, wenn der Spieler nach dem Ziehen und Zeigen den Platz verlässt, aber warum nicht? Damit ist nun klar, was es bedeutet, die Arschkarte gezogen zu haben. Platzverweis.

Playtastic

Wer noch die passende Verkleidung zur Fasnacht sucht, hat die Möglichkeit sich als Toilette zu verkleiden. Die Firma Playtastic bietet ein sich selbstaufblasendes Kostüm mit Gebläse und Batterie, welches im Look „ich sitze gerade auf der Toilette" daher kommt", universalpassend für alle Körpergrößen. Spielt man dabei mit seinem Smartphone herum oder liest man dabei eine Zeitung ist das eine echte „Homestory". Auch als Kackhaufen kann man sich verkleiden. Mehrere Anbieter bieten fertige Kostüme in Haufenform an, vorzugsweise auch mit Fliegen auf dem Stoff. Für die närrische Zeit gibt es nichts, was es nicht gibt.

Hundekot-Wifi

Der mexikanische Internet-Anbieter Terra tauscht Hundehaufen gegen kostenloses Wi-Fi. In einem Park hat Terra eine Station eingerichtet, über die Hundehalter den Kot ihres Hundes in einem Tütchen verpackt entsorgen können. Eine saubere Sache und gute Idee. Die Tüte wirft man in eine extra dafür vorgesehene Waage, die das Gewicht ermittelt und daraus dann Freiminuten per Wifi für den Lieferanten zur Verfügung stellt. Wie viele Minuten man bekommt, hängt also davon ab, was der Hund zu leisten im Stande ist. Besitzer großer Hunde sind somit dort gerne gesehen. Das kostenlose Wifi steht dann für die vorgesehene Zeit allen Besuchern des Parks auf Tablets, Smartphones und Notebooks zur Verfügung. Das sorgt für Sauberkeit. Was passiert, wenn man keinen Kot einwirft, sondern etwas anderes, z.B. einen Stein, und wie der Kot als Kot erkannt wird, weiß ich allerdings auch nicht.

RC-Modellbau

Die Firma SportsPartners GmbH & Co. KG bietet eine ferngesteuerte Toilette zum Verkauf an. Ein Thron, der mittels einer Fernsteuerung wie ein kleines Modellauto bewegt werden kann. Der Deckel wird allerdings manuell bewegt. Als Hingucker ist das Ganze in vergoldeter Ausführung zu haben und das für um die 20 Euro.

Ein Leserbrief: juckende Klabusterbärchen nach Vollkornmüsli

Welche Frau kennt sie nicht? Die Unterhosen des Partners, in denen sich schon mal eine oder mehrere Bremsspuren abzeichnen. Das kann an mangelhaftem Abwischen nach dem Toilettengang liegen oder aber auch an einer zu langen Po-Behaarung, den sogenannten Klabusterbärchen oder einem recht schwierig zu säubernden Hintern nach Durchfall oder zumindest recht schmierigem Stuhlgang. Man wischt und wischt und kriegt die Kimme einfach nicht komplett sauber. Ein Leserbriefschreiber berichtet uns diesbezüglich, dass er sich deshalb grundsätzlich den Po rasiert, um zu verhindern, dass Kackreste in den Haaren hängen bleiben. Und – Achtung, diese Info war für mich auch neu – er verzichtet auf Vollkornbrötchen, weil der Stuhlgang danach bei ihm so klebrig sei und das wiederum einen extremen Juckreiz auslösen würde am Hintern, vor allem, wenn er noch behaart sei. Das leuchtet ein. Wenn der Stuhlgang trocknet, dann kann das schon heftig jucken bzw. auch mal kräftig ziepen. Also Männer, Haare am Hintern ab! Dann gibt's auch keine Klabusterbärchen und der Bobbes ist leichter sauber zu halten. Freut auch die Hausfrau!

Leserbrief: braune Streifen im Tanga

Frauen haben übrigens auch Haare am Hintern. Und ja, auch Frauen können Streifen in der Unterhose verursachen. In einem weiteren Leserbrief berichtet eine Frau davon, dass sie ausschließlich Tangas trägt und diese wiederum nur mit entsprechenden Slipeinlagen, bei denen man seitlich die Flügelchen umklappen und so dem Tanga anpassen kann. Der Grund für ihre Gewohnheit liegt auf der Hand: beim Bücken, Autofahren, beim Sitzen generell, wird der knappe Slip in die Poporitze gezogen und streift den Darmausgang. Als Ergebnis finden sich nicht selten am Abend braune

Streifen auf der soften Papiereinlage. Puh, Glück gehabt. Besser, als in die Hose gegangen.

Herrgottsb'scheißerle

Der Name lässt es auf den ersten Blick nicht vermuten, aber Herrgotts`bscheißerle kann man essen. Und sie schmecken sogar lecker. Es handelt sich dabei um Teigtaschen aus dem Schwäbischen, die man mit Fleisch oder Gemüse füllen kann. Sie schmecken in der Suppe als auch gebraten in der Pfanne, beispielsweise mit Ei überbacken.

Wie kommen die leckeren Teigtaschen zu diesem Namen? Geistliche, also Insbesondere Mönche im Kloster, haben früher das Fleisch in Teigtaschen gefüllt, um es so vor dem lieben Gott zu verstecken. Dadurch konnten sie auch freitags und in der Fastenzeit Fleisch essen, was Menschen christlichen Glaubens in dieser Zeit generell untersagt war.

Die Fäkaltransplantation

Eine Fäkaltransplantation ist eine neue alternative Therapieform die bei chronischen Darmerkrankungen angewendet wird. Entwickelt wurde sie von Dr. Karl Ot bereits 1912. Damals wurden seine Ergebnisse allerdings völlig ignoriert. Herr Ot erkannte, dass es in einer gesunden Darmflora gute und schlechte Bakterien gibt. Die guten Bakterien fördern die Verdauung, die schlechten machen krank. Die guten gilt es also zu transplantieren. Das interessierte aber niemanden.

Neu entdeckt wurden seine Ideen erst von dem amerikanischen Gastroenterologen und Koloproktologen Dr. Sean Herman Ist. Er entwickelte sie weiter und setzte so darmkranken Menschen die ihnen fehlenden Bakterien ein, was zur Heilung der Krankheit führte. Zur Beruhigung: Die Anwendung erfolgt meist in Form eines Zäpfchens. Zu finden ist das Ganze in der Pharmazeutischen Zeitung unter dem Begriff Clostridien-Infektion ganz ausführlich. Diese Methode ist möglicherweise auch eine Chance für bestimmte Diabetiker, die gerade frisch erkrankt sind und über noch bestimmte Reste von funktionalen Bakterien verfügen.

Die Kackenköpfe

Die Kackenköpfe sind eine bewaldete Felsformation in den Allgäuer Alpen. Sie bestehen aus drei Gipfeln: Diese haben die Höhen 1560 Meter beim „Höchster Kackenkopf", 1558 Meter beim „Mittlerer Kackenkopf" und 1540 Meter beim „Vorderer Kackenkopf". Zu finden sind sie am Ende des Ruhrmooser Tals.

Ein Leserbrief / Erlebnisbericht: Kaum auf der Welt, erst mal abkacken

Es gibt für ein Paar kaum ein bewegenderes Erlebnis als die Geburt eins Kindes. Wenn Frauen ihren Männern das Gefühl des Kraftaktes beschreiben wollen, sagen sie oft: „Schatz, das ist ungefähr so, als müsstest Du eine Wassermelone kacken." Die Anstrengung einer normalen Geburt ist enorm. Der Moment, in dem man den kleinen Engel dann in den Armen hält, entschädigt alles – sagen zumindest auch viele Frauen. Und was machen die frisch geschlüpften Babys? Die einen schreien wie am Spieß, andere schauen ganz ruhig und wieder andere – kacken erstmal. So erging es einer Frau, die mir ihre Geschichte erzählt hat. Sofort nach der Geburt bekam sie ihr kleines

Mädchen auf die Brust gelegt. Die Frau und auch ihr Mann, der bei der Geburt dabei war, schauten voller Liebe und großer Freude auf ihren Sonnenschein, der plötzlich und ganz spontan nichts Besseres zu tun hatte, als der Mama auf die Brust bzw. den Bauch zu kacken. Sie nahm es allerdings gelassen: Erstens war es warm und zweitens, wie sie später erfuhr, ein Zeichen von Entspannung beim Baby. Im ersten Moment war das sicherlich nicht schön, doch im Nachhinein ist es für die Mutter ein riesen Geschenk. Das Baby konnte ja noch nicht sagen: „Boah, ich freu` mich, Euch endlich zu sehen. Schön, dass Ihr da seid." Also, spontanes Kacken nach der Geburt, vielleicht verbunden mit einem leichten Babylächeln...gibt es ein schöneres Kompliment an die stolzen Eltern?

Ttongsul-Wein

Der Kotwein oder Feces Wine kommt aus Korea und trägt die Bezeichnung Ttongsul-Wein. Das trifft den Nagel auf den Kopf. Erzeugt wird er aus Alkohol und menschlichem oder tierischem Kot. Die Exkremente werden dabei mehrere Monate lang in Alkohol eingelegt und fermentiert und danach abgefiltert. Der Wein schmeckt angeblich nicht nach Kot und soll gut für die Gesundheit sein. Genaueres findet man ebenfalls bei Wikipedia. Na dann Prost.

Kackenest

Das heutige Hofgut Pottscheid liegt in der Nähe von Königswinter, etwa 1 km vom Stadtzentrum entfernt. Entstanden ist das Gut aus einem Hofgut „Kackenest", das bis ins Mittelalter zurückreichen soll und zur Abtei Altenberg gehörte. Bewohnt wird es derzeit von rund 20 Personen.

Kackstein

In der Datenbank der deutschen Parlamentsabgeordneten findet man einen Herrn Richard Kackstein. Er war in 3 Walperioden für die damalige NSDAP für den Wahlbezirk Potsdam als gewählter Vertreter aktiv. Darüber hinaus fungierte er als Kreisbauernführer und Kreisleiter.

Der Kackstift

Dabei handelt es sich um ein anderes Wort für Angst. Wenn man nachträglich erzählt von einer bedrohlichen Situation, sagt man umgangssprachlich: „Mir ist der Kackstift gegangen."

Übrigens, den Kackstift gibt es auch zum Anfassen und zum Malen und Schreiben mit schwarzer Tinte. Entwickelt hat den Kackstift (Poo Pen) die Firma „Islands Dogs". Preis um die 11 Euro. Von derselben Firma gibt es auch den Kacksack (Sack of Shit). Inhalt: Eine Auswahl der schönsten Kunsthäufchen, in einem kleinen Sack. Zum Verschenken. Nicht für den Valentinstag empfohlen. Warum eigentlich nicht?

Einen habe ich noch von vielen weiteren Spaßartikeln rund ums Kacken: Von der Firma „Erfurth" gibt es ein Kothaufen-Spray. Sieht aus wie Durchfallkacke, wenn es gekonnt gesprüht wird und riecht angeblich auch nach echter Kacke. Es soll allerdings schwer wieder weggehen nach dem Aufsprühen. Umweltfreundlicher und einfacher in der Anwendung sind daher sicher die zahlreichen fertigen Plastik-Kackhaufen, die im Internet angeboten werden.

Kacke

Hier nun zu guter Letzt noch die Definition des Wortes aus Wikipedia frei zitiert: Kacke (aus dem Lateinischen cacare für „Kacke" oder „Scheiße") ist ein umgangssprachlich derber Ausdruck für Kot, also unsere festen Exkremente. Diese beiden übersetzten Begriffe werden im deutschen Sprachraum als Schimpfwort und als Ausruf bei Missgeschicken oder als Fluch zum Ausdruck der Verärgerung verwendet. Ursprünglich sind sie eine derbe Bezeichnung für Mist, Unsinn oder Dreck.

Natürlich werden sie auch in umgangsprachlichen „Fachbegriffen" verwendet, Beispiele hierfür sind: „Flitzekacke", oder die „Kackstelzen". Laut Duden handelt es sich bei Kacke um Kot, oder eine schlechte, minderwertige Sache oder eine Unwillen hervorrufende Angelegenheit.

Nachwort

Sie müssen es nicht zugeben. Ich bin mir auch so ganz sicher, dass Ihnen die eine oder andere Tatsache bekannt vorkommt. Kacken betrifft uns alle. Lassen Sie dieses Buch einfach auf Ihrer Gästetoilette liegen - Ihrem Besuch daheim wird es ähnlich gehen. Sie werden sich vielleicht sogar wundern, welche Gespräche dadurch zustande kommen werden. Wem das Thema nicht gefällt, oder wer es einfach nur abstoßend findet, sollte sich mal in einer ruhigen Minute überlegen, welche

Möglichkeiten er hat, es zu umgehen? Keine! Kacken ist alternativlos.

Falls Sie Ihr Kackbuch für Ihre Gäste auf der Toilette als Lektüre bereit gelegt haben, finden diese nachfolgend leere Seiten, um ihre Anregungen, Sprüche und Ergänzungen einzutragen. Es wäre also schön, wenn man einen Stift in der Nähe des Buches vorfinden würde. Auch die ab und an freien Plätze zwischen den einzelnen Absätzen können gerne dafür genutzt werden.

Außerdem freue ich mich sehr auf Ihre Geschichten! Senden Sie mir alles, was Ihnen zum Thema einfällt oder was Sie erlebt haben rund ums Kacken. Vielleicht wird daraus ja eine Fortsetzung. Ab dafür per Mail an: erlebnisse@klodett.de. Dankeschön im Voraus.

Und zu guter Letzt: Wen das Thema komplett abstößt, der möge sich bitte ernsthaft fragen, warum das so ist. Kacken ist ganz normal, deshalb ja auch meine Botschaft: Schämen is´ nich`!

Dufte Grüße,
Ihre Klodett (www.klodett.de)